KB121738

내 아이를 위한 비폭력 대화

내 아이를 위한
비폭력 대화

군디 가슐러 · 프랑크 가슐러 지음 | 안미라 옮김 | 캐서린 한 감수

🐦 양철북

  학교교육을 받은 21년 동안 나는 단 한 번도 누군가로부터 "기분
이 어떠냐?" 혹은 "무엇이 필요하냐?"는 질문을 받은 적이 없는
것 같다. 대신 '옳고 그름', '좋고 나쁨'으로 평가하는 사회에 적합
한 사람이 되는 교육을 받았다.
  교사, 부모, 아이 들 모두에게 '기린의 꿈 프로젝트'를 추천한다.
기린의 꿈 프로젝트는 서로를 도와 우리 모두가 원하는 것을 이루는
즉, '삶을 풍요롭게 만드는' 길잡이가 될 것이다.

                        Marshall B. Rosenberg (비폭력대화센터 설립자)

저는 2003년 초부터 한국에서 비폭력 대화를 나누기 시작했습니다. 비폭력 대화를 배우고 나서 아이들과 더 풍요로운 관계를 원하셨던 많은 부모님이나 선생님으로부터 어떻게 하면 아이들과 비폭력 대화를 나눌 수 있는지에 대한 정보를 자주 부탁받았습니다. 그럴 때마다 우리말로 준비된 것이 없음을 안타깝게 생각해 왔습니다. 그러던 차에 저와 함께 비폭력 대화 훈련을 나눈 프랑크와 군디가 낸 책을 우리 부모님과 선생님께 소개할 수 있어서 행복하고 감사합니다.

어린 아이들은 어른들이 하는 행동과 말을 보고 듣는 것으로부터 배우기 때문에, 우선 부모나 유치원 선생님이 비폭력 대화를 익히는 것이 중요하다는 프랑크의 말에 저도 동의합니다. 이런 부모와 선생님들로부터 아이들은 '나는 느낌과 원하는 게 있는 사람이고 너도 마찬가지다. 너도 중요하고, 나도 중요하다. 그러니 우리가 원하는 것을 함께 얻을 수 있는 방법을 함께 찾아보자'라는 비폭력 대화의 기본 정신을 배우게 될 것입니다.

아이들이 존중받고 더 평화로운 환경에서 생활하는 데 기여할 수 있다는 확신이 있기 때문에 저는 기쁜 마음으로 이 책을 추천합니다.

캐서린 한(한국NVC센터 대표)

차례

마셜 로젠버그의 추천사
캐서린 한의 추천사

머리말

1부| 비폭력 대화

1장 비폭력 대화가 왜 필요한가 19
이해하기 23
믿음 27
성장 30

2장 비폭력 대화란 무엇인가 33
기린과 자칼은 무엇을 상징할까 35
욕구는 충족될 수 있는가 38
내 느낌에 대한 책임은 누구에게 있을까 40
비폭력 대화의 네 단계 45

3장 아이와 함께하는 비폭력 대화 71
몇 살부터 비폭력 대화가 가능할까요 71
몇 살부터 정직하게 표현할 수 있나요 77
내가 하는 말을 잘 알아들을까요 79
항상 비폭력적이어야 하나요 88
잔소리하지 않아도 알아서 하게 할 순 없나요 93
비폭력 대화에도 규제가 있나요 95
아이의 욕구가 내 욕구보다 중요할까요 97

2부 | 기린의 꿈 프로젝트

1장 단계별 연습 103

1단계 : 아기 기린이 길을 잃었어요 109
2단계 : 아기 기린의 마음은 어떨까요 113
3단계 : 아기 기린이 원하는 것은 무엇일까요 117
4단계 : 아기 기린은 우리에게 무엇을 부탁할까요 121
5단계 : 엄마 기린이 왔어요, 함께 즐거운 잔치를 열어요 125

2장 심화 연습 131

관찰 심화 연습 132
느낌 심화 연습 138
욕구 심화 연습 144
부탁 심화 연습 148
중재 연습 152
기린 언어 연습 159
프로젝트의 구성 요소 163

3장 유치원에서 비폭력 대화를 위한 자세 167

스스로 갈등을 해결할 기회를 주라 168
의사 결정에 처음부터 참여시켜라 169
언어 발달의 기회로 삼아라 170
행위를 평가하지 말고 가치를 인정하라 171

주석 173
한국NVC센터 안내 177

"내가 꼭 해야만 하는 것은 없어. 난 스스로 결정할 거야. 나는 사람이니까!"

딸아이 엘리아는 세 살 반이 되던 해에 "넌 지금 꼭 정리를 해야 해!"라는 유치원 교사의 말에 이렇게 대꾸했다. 우리 부부는 유치원 교사와 오랜 시간 상담을 했고, 우리가 늘 고심해 온 문제인 어떻게 하면 아이를 '비폭력적으로' 키울 것인가에 대해 심각하게 의논했다.

아내 군디와 나는 오래전부터 자녀 교육에 관심을 갖고 있었다. 우리가 부모라서 그렇기도 했지만, 그보다는 부모교실을 운영하고 있었기 때문이다. 부모교실에서도, 집에서도 우리는 늘 아이들에게 어떻게 한계를 정해 줄 것인지, 어떻게 일관되게 아이들을 대할 수 있는지, 부모 자신이 먼저 인내할 수 있는지 그리고 아이들에게 어느 정도까지 방향을 제시해 주어야 하는지 같은 문제에 부닥치곤 했다. 대부분의 자녀 교육 세미나나 아내 군디가 많이 읽는 부모 교육

서에서 제시하는 기본 전제는 '아이에게 방향을 제시해 주어야 아이가 나중에 올바른 것을 선택할 수 있다'는 것이었다. 간단 명료하고 실천하기에도 쉬워 보이는 말이었다. 하지만 현실이 이 말처럼 간단 명료하지만은 않았다. 때로는 우리 부부가 아이들에게 방향을 제시해 주어도 마리와 엘리아가 그것을 받아들이지 않았기 때문이다. 아이들이 '나중에' 올바른 선택을 하게 될 것이라는 말은 사실 '지금' 아이들 방이 지저분하기 때문에 별로 만족스럽지 못했다. 그리고 결국 '올바른' 것을 선택하게 된다는 말도, 평생 올바름을 찾아 헤맸지만 결론을 내리지 못한 나로서는 이해하기 힘들었다.

군디는 어느 날 마셜 로젠버그가 쓴《비폭력 대화 NonViolent Communication》[1]를 발견했고, 이 책을 읽고 우리 가정을 바꾸어 놓았다. 옳고 그른 것은 없다, 다른 사람이 느끼는 감정에 대한 책임은 그 누구에게도 없다, 잘못이란 있을 수 없기 때문에 사과할 필요가 없다 따위의 이야기가 순식간에 집 안에서 오갔다. 무엇보다 "아무것도 안 해도 된다!"는 말이 들렸다.

내가 갖고 살았던 모든 가치관이 무너지는 듯했다. 사실 나는 부모 교육과 관련한 많은 활동에 참여한 경험이 있다. 나 – 메세지(I – Message)를 전하거나 부모 회의를 연 적도 있다. 이중적인 표현을 피하고 긍정적으로 표현하려 애썼다. 그런데 갑자기 웬 봉변이란 말인가! 옳고 그름이 없다면 도대체 우리는 무슨 기준으로 살아야 한단 말인가? 자신의 느낌에 스스로 책임이 있다면 인간과 인간 사이의 관계는 어떻게 되는 것이고, 잘못이 없다면 누구나 자신이 하고 싶은 대로 행동해도 된다는 것인가? 내가 그나마 받아들일 수 있었던 것은 비폭력 대화에서는 '~해야만 한다(must)'는 말을 거부하며, 비폭력 대화 관련 책에는 그 말 자체가 아예 등장하지 않는다는 것이었다!

자율성에 대한 내 욕구는 상당히 컸다. 그래서 많은 부분에서 거부감이 들었지만, 비폭력 대화로 인한 변화에 완전히 저항하지는 않았다. 나와 달리 아이들은 우리 가정의 패러다임 변화에 완벽하게 동참했다. 군디의 교육 방식이 갑자기 탁월해진 것은 아니었다. 오히려 비폭력 대화를 적용하면서부터, 칭찬, 벌, 방향 제시 덕분에 늘 정리 정돈이 되어 있던 아이들 방은 예전에 우리가 당연하다고 여긴 것과 종종 거리가 먼 모습이었다.

달라진 것은 무엇보다 가족들 간의 관계였다. 새로운 관계는 이전보다 편안하고 더 깊은 믿음을 바탕으로 해서 이루어졌다. 전에는 아이들과 씨름하느라 자주 언성을 높였는데 이제는 큰소리를 낼 필요가 없어졌다.

내가 '아빠'의 임무만 맡는 것이 아니고, 나도 욕구를 가진 사람이라는 것을 깨닫고 난 뒤 우리 가족은 많은 변화를 겪었다. 우리 가족은 더 이상 희생하면서 서로를 위하는 가족이 아니라 함께하는 가족이 되었다. 내가 해야만 하기 때문이 아니라 내가 원하기 때문에 양보하기 시작했다. 내가 양보할 준비가 되어 있지 않으면 가족 누군가가 양보를 할 것이다. 내가 양보하는 이유는 보상, 책임, 죄책감 때문이 아니라 그냥 상대를 위한 내 선물이다. 나는 이러한 선물을 하는 것 자체에서 기쁨을 느끼고, 딸들은 내 선물 덕분에 날마다 행복을 만끽한다.

그동안 우리가 서로 소통할 때 목표로 했던 것은 비폭력 대화와 맞지 않았다. 여전히 각자의 목적을 달성하고, 권리를 인정받고, 상대를 설득하고 이기기 위해 대화하는가, 아니면 이해받고 이해하기 위해 대화하는가? '상대와 이야기할 때 내가 진정으로 얻고자 하는 것은 무엇인가?'

아내가 두 아이를 돌볼 때 아이들은 다툼, 눈물, 폭력을 내가 돌볼 때보다 훨씬 적게 겪는다. 아내는 아주 안정적으로 변했고 만족스러워했다. 아이들도 이전에 늘 우기거나 싸움으로 끝났던 상황에 대해 일종의 호기심을 갖기 시작했다. 어느 날 자동차를 타고 가다가 바닥에 빵 부스러기를 쏟은 엘리아에게 소리를 질렀다. 그때 마리는 내게 "아빠, 무엇 때문에 그러세요?"라고 물으며 그 호기심을 발동한 적이 있다. 나는 아이들의 이러한 변화가 궁금해지기 시작했고, 비폭력 대화가 자녀 교육에 꽤 쓸모가 있다는 사실을 인정할 수밖에 없었다.

아내는 한 걸음 더 나아가 내 느낌과 욕구에 대해 물었다. 그러나 그것은 불난 집에 기름을 들이붓는 격이었다! 아내는 이제 남편인 나까지 교육하려고, 아니 치료하려고 들었다. 우리 부부가 늘 장난삼아 했던 '누가 소통을 더 잘하나?' 놀이를 위해, 비밀 무기라도 개발해 나를 조종하고 자신이 옳다는 것을 증명하려는 것인가? 나는 몹시 화가 났다. 내가 원하는 것과 전혀 반대의 말을 했는데도 아내가 나를 꿰뚫어 보았다는 사실에 당황해서 화를 냈고, 아내와 나 사이의 균형이 깨질 수도 있다는 불안감에 화를 냈다. 나는 아내가 비폭력 대화를 이용해 우리 관계를 망가뜨릴지도 모른다는 생각에 겁이 났다. 결국 우리 부부는 감정이 격해져서 자주 언쟁을 벌였다.

그런데 아내가 자신의 의도를 설명하면서 반전이 일어났다. 군디는 비폭력 대화가 부부 사이의 소통을 가능하게 하고, 서로를 이해하고 관계를 더 강화할 수 있는 방법 가운데 지금 자신이 선택할 수 있는 유일한 방법이라고 설명했다. 즉, 우리의 관계를 위해 비폭력 대화를 선택한 것이지 관계를 망가뜨리려고 한 것이 아니라고 말했다. 아내는 자신의 배움과 성장을 나에게 이야기하면서 그 길을 함께 가자고 제안했다.

결국 나는 비폭력 대화를 소개하는 책을 읽기로 결심했다. 처음에는 아내 몰래 책을 읽었다. 마셜 로젠버그의 이야기들이 마음에

와 닿았다. 그는 유머와 편안함, 그러면서도 깊이와 온정을 갖고 이야기했다. 나는 더 배우고 싶은 마음에 입문 세미나와 연습 모임에 갔다. 그리고 비폭력 대화를 우리가 운영하는 부모교실에 도입하고, 아내와 함께 비폭력 대화 지도자 교육을 받기로 했다.

이 시기에 엘리아가 다니는 유치원 교사가 폭력 방지 프로그램에 대해 들어 본 적이 있는지, 혹 그런 프로그램을 실시해 줄 수 있는지를 문의했다. 그녀는 아이들이 앞으로 겪어야 할 인생의 관문들을 잘 통과할 수 있게 힘을 길러 주고 싶다고 했다. 그녀는 학교를 너무나 무서운 곳으로 여겼고, 취학을 앞둔 자신의 아들을 걱정하고 있었다. 아들이 겪을 고통스러움을 미리 방지하고 싶었던 것이다. 안 그래도 새롭게 얻은 보물 같은 배움을 부모뿐 아니라 아이들에게 직접 전수할 방법을 찾고 있던 우리 부부는 '기린의 꿈'이라는 프로젝트를 개발해 아이들을 돕기로 결심했다.

"기린의 꿈을 처음 읽었을 때 나는 내가 왜 교사가 되고 싶어했는지를 다시 떠올렸다. 나는 '그래야만 하는' 아이들의 모습이 아니라, 아이들이 '원래 가지고 있는' 모습 그대로를 보려고 교사가 되겠다고 결심했던 것이다."

― 사비네(교사)

프로그램을 개발하는 중에 새롭게 교육계획이 제정되면서 많은 유치원에서 아이들과의 공감, 효과적인 소통, 편안함, 정직성 등에 대한 요구가 커졌다. 2005년 4월, 군디와 나는 사라 하르트만(Sara Hartmann)과 바바라 프리드라인(Barbara Friedlein)의 도움을 받아 '기린의 꿈 프로젝트'를 완성하고 칼스펠트(Karlsfeld)와 뒤르멘팅겐(Dürmentingen)에 있는 여러 유치원에서 프로젝트를 실시했다. 교사들은 각자 체험한 것들을 열린 마음을 갖고 열정과 기쁨으로 보고했다. 프로젝트가 유치원에 가져 온 변화는 우리에게 이 프로젝트를 다른 유치원에서도 실천할 수 있는 용기를 주었다. 프로젝트의 결과는 안네 야슈케(Anne Jaschke)가 발표한 디플롬 논문(한국의 석사학위 논문에 해당 - 옮긴이) 〈유치원에서의 비폭력 대화 : 5개 유치원을 중심으로 '기린의 꿈' 적용 사례 연구〉에서도 확인할 수 있다. 이 연구를 진행하면서 설문에 참여한 교사들은 프로젝트가 아이들과 유치원 전체에 미친 영향에 대해 다양한 답변을 주었는데, 그 답변들은 모두 긍정적이었다(몇몇 답변들은 이 책에도 소개했다). 안네 야슈케는 다음과 같은 결론을 내렸다. '바이에른 주와 작센 주의 교육계획의 목표와 기린의 꿈 프로젝트의 목표에서 많은 공통점이 발견되었다. 교육계획에 명시된 갈등 해결 능력, 사회적 능력, 소통 능력과 같은 분야의 학습 목표는 기린의 꿈 프로젝트로 달성할 수 있다. 다시 말해, 기린의 꿈 프로젝트는 교육계획이 권장하는 바를

현장에서 실천하기 위한 유용한 도구이다.'

우리는 다른 지도자들과 함께 비폭력 대화를 더 많은 유치원, 탁아소, 학교, 가정에 정착시키고 교사 교육에 적용시키기 위해, 그리고 세미나에 참여한 부모들이 비폭력 대화를 통해 지원과 자극을 받을 수 있도록 하기 위해 노력하고 있다.

우리는 먼저 유치원과 가정에서 왜 비폭력 대화가 필요한지를 밝힌다(1부 1장). 그 다음에 이를 이루기 위한 방법으로 비폭력 대화를 소개하며(1부 2장), 비폭력 대화를 통해 유치원 나이의 아이들과 어떻게 소통할 수 있는지(1부 3장)를 설명한다. 2부에서는 유치원에 비폭력 대화를 도입하는 한 방법으로 '기린의 꿈 프로젝트'를 소개한다.

이 책을 읽다 보면 1인칭으로 서술된 부분을 많이 발견할 수 있다. 왜냐하면 이 책은 내가 직접 변화를 경험하고 체득한 뒤 쓴 것이기 때문이다. 글을 쓴 것은 나이지만 나와 내 아내 군디가 공동 저자로 표현되기를 바란다. 우리가 함께 걸어온 길이 그리고 앞으로 함께 나아갈 길이 값지고 중요하다고 생각하기 때문이다. 이 책의 기록들은 우리 부부가 주고받은 많은 대화, 공동의 경험과 가정생활에서 얻은 결론들이다. 우리 가정에 비폭력 대화를 소개한 아내 군디에게 고마움을 전한다. 또한 내가 강력하게 저항했는데도 끝까지 포기하지 않은 것과 이 책을 쓰는 데 많은 도움을 준 것에 대해서도 존경심을 전한다.

이 책이 담고 있는 이야기들은 우리 가정에서 직접 경험한 것들이다. 이 이야기들을 통해 우리 가족이 비폭력 대화와 마셜 로젠버그에게 갖는 고마움을 드러내고자 한다. 이 책은 오늘날 우리의 가정에서 벌어지는 비폭력 대화의 자세를 묘사하고 있다. 비폭력 대화는 형식적인 모델이 아니라, 마음에서 마음으로 통하는 관계를 만들어 주는 견고한 바탕이다. 비폭력 대화는 앞으로도 계속 성장하고 발전해 나갈 것이다.

이 책이 비폭력 대화의 기초를 강화하는 데 기여하기를 바란다.

프랑크 가슐러

1부 | 비폭력 대화

1장

비폭력 대화가 왜 필요한가

우리는 부모교실을 시작할 때마다 참가자들에게 '내 아이와의 관계는 어떠해야 하는가?'라는 주제로 그림을 그리라고 한다. 대부분의 참가자들은 해, 무지개, 동그라미, 하트 등을 알록달록한 색깔로 그린다. 그림을 설명하면서 참가자들은 부모로서 자신이 무엇을 중요하게 생각하는지를 말한다. 부모들은 자기 아이와의 관계에서 사랑, 유대감, 이해, 따뜻함, 신뢰, 상호 존중, 자유, 공동체성, 재미, 존경심, 연대 등이 필요하다고 설명한다.

그러나 현실에서는 이러한 것들이 뒤로 밀려나기 십상이다. 아이를 키우다 보면 부모는 아이에게 자신이 원하는 것, 자신이 생각하는 것, 자신이 옳다고 여기는 것들을 강요하는 경우가 많다. 대개 아이가 유치원을 다닐 정도의 나이가 되면 부모는 정해진 행동 양식을 가르치는 데 힘을 쏟기 시작한다. 예를 들어 '하루 세 번 양치질하기', '왼발 오른발 신발 바꿔 신지 않기', '밥 먹을 때 흘리지 않기', '엄마가 전화할 때 방해하지 않기' 따위의 규칙들을 가르친다. 부모는 아이가 다른 사람들과 원활한 관계를 유지하면서 건강하게 생활하기를 바라는 마음에서 이러한 교육에 최선을 다한다. 부모는 아이가 다른 사람에게 비난을 받지 않도록 방향을 설정해 주고 규칙을 익히게 하면서 부모 자신도 안정과 평안을 찾는다. 이 모든 것은 아이를 사랑하고 걱정하는 마음에서 나왔지만, 자기 자신의 만족을 위해서이기도 하다.

그렇다면 아이는 이러한 부모를 어떻게 받아들이는가? 어째서 아이는 "엄마, 고마워요. 제가 좋아하는 사탕이나 초콜릿 대신 과일과 야채를 주셔서 고마워요. 제가 건강하게 자라길 바라는 엄마의 마음을 알겠어요"라는 식으로 반응하지 않을까? 왜 아이는 도리어 화를 내고 반항할까? 그 이유는 아마도 아이가 자신을 그저 부모 마음대로 조종하려 한다고 생각하기 때문일 것이다. 아이는 부모에게 이해받기를 바라고 있는데, 부모가 그것을 표현할 수 없도록 막아서 당황하고 좌절했기 때문일 수도 있다. 자신이 꽤 많이 자랐다고 생각하는 아이는 스스로 결정을 내리고 싶어하는지도 모른다. 또는 무슨 일을 결정할 때, 부모가 자신의 의견을 묻고 존중해 주기를 바라는 단순한 마음에서 그럴 수도 있다. 그것도 아니라면 야채가 정말로 입맛에 안 맞거나!

마리가 다섯 살 때 일이다. 유치원에서 돌아온 마리는 더 이상 살고 싶지 않다고 말했다. 마리를 아는 사람이라면 이 아이가 얼마나 진지한 표정으로 이야기를 했을지 상상할 수 있을 것이다. 결코 농담으로 받아들일 수 있는 상황이 아니었다. 그 말을 듣는 순간 충격으로 온몸이 마비되는 듯했고 온갖 끔찍한 생각들이 머릿속을 스쳤지만, 아이의 말을 침착하게 끝까지 들어 보려고 노력했다. 도대체 마리는 왜 이런 말을 했을까? 오래 이야기를 나눈 끝에, 마리는 눈물을 쏟으며 원래 자기를 제일 좋아해 주던 유치원 선생님이 다른 아이에게 관심을 갖는다고 털어놓았다. 더 이상 살기 싫다는 말은 마리가 알고 있는 표현 중에 슬픔을 나타내는 가장 극단적인 표현이었던 것이다. 마리는 크게 실망하고 슬퍼했지만, 내가 자신을 이해해 준다는 사실에 위로를 받고 기뻐했다.

자기가 원하는 것을 정확하게 말로 표현할 줄 아는 서너 살 무렵의 아이들은 드물다. 예컨대 "지금은 몸에 좋은 음식을 먹기보다 달콤하고 맛있는 젤리를 다섯 개만 먹을게요. 젤리를 한꺼번에 먹을지 차례대로 먹을지도 제 마음대로 결정하고 싶어요" 같은 생각을 잘 표현하지 못한다. 만약 아이가 자기의 정확한 의도나 생각을 자유롭게 표현할 수 있으면, 부모가 더 '적절하게' 반응하기 쉬울 텐데 아쉽게도 그렇지가 않다.

우리는 오히려 아이가 '부모에게 지배당하고 있다'는 사실에 화를 내거나 '부모가 자신을 이해해 주지 않는다'고 반항하면, 또는 '이해받지 못한다는 사실'에 대해 실망감을 표현하면, 아이가 '고집을 부린다', '반항한다', '대든다', '버릇없다'고 해버린다. 아이는 부모에게 이해받기 원하지만, 결과적으로 이해받지 못하고 만다.

함께 마트에 간 아이에게 엄마가 아이가 원하는 젤리 대신 사과를 사 주면 어떤 반응을 보일까? 아이는 자기 욕구를 관철하기 위해 주어진 상황에서 최선을 다해 '예쁜 짓'을 한다. 바닥에 드러누워서 소리를 지르는 것이 흔히 볼 수 있는 반응이다. 그런데 마트 바닥에 드러누워 소리를 질러 주변 사람들에게 한 소리씩 듣게 하는 게 무슨 예쁜 짓이란 말인가? 결코 유쾌한 상황은 아니다. 아이는 아이대로 자율성을 무시당한 기분과 충족되지 못한 욕구 때문에 불만이고, 엄마는 엄마대로 편안함과 즐거움을 만끽해야 할 시간에 봉변을 당하게 된다.

그러나 아이에게는 선택의 여지가 없다. 계산하거나 의도한 행동도 아니고 반항은 더더욱 아니다. 아이가 이런 상황에서 할 수 있는 거의 유일하고 제일 좋은 방법이기 때문에 이렇게 하는 것이다. 아이는 자신이 아는 유일한 방법으로 욕구를 드러내지만, 그 욕구가 충족되지 않기 때문에 더욱 크게 화를 내면서 좌절한다. 아이는 자신의 욕구가 어떻게든 충족되기를 바라기 때문에 점점 더 극단적인 행동을 하게 된다. 그러나 그러면 그럴수록 오히려 역효과만 난다. 악순환의 연속일 뿐이다.

이해하기

비폭력 대화에서는 모든 행위에는 목적이 있으며, 그 목적은 우리가 갖는 욕구를 충족하기 위해서라고 전제한다. 내 경험에 따르면, 상호 이해는 행위 차원에서보다 욕구 차원에서 더 쉽게 이룰 수 있다. 그렇다면 비폭력 대화에서 말하는 상호 이해란 무엇일까?

우리는 부모교실에서 비폭력 대화를 설명할 때 두 집을 예로 든다. 형태나 크기, 디자인, 구조, 실내장식 등이 전혀 다른 두 집이 있다. 한 집은 실내장식이 화려하고 보수적인 인상을, 다른 집은 실용적이고 현대적인 인상을 준다. 여기서 두 집은 우리 자신을 상징한다. 우리는 모두 자신의 가치, 취향, 경험 등에 따라 꾸며 놓은 집에서 살고 있다. 그래서 사람은 모두 다른 것이다. 사는 집이 다르니 원하는 것을 이루기 위해 쓰는 방법도 다를 수밖에 없다. 그러나 각자의 집이 서 있는 토대나 땅은 모두 같다. 그것이 바로 욕구 및 욕구와 관련한 느낌들이다. 모든 사람은 휴식과 편안함에 대한 욕구가 있다. 어떤 사람은 이 욕구를 충족하기 위해 침대를 선택하는가 하면, 어떤 사람은 요를 선택한다.

서로를 이해하기 위해서는 상대방의 집에 가 볼 필요가 있다. 상대가 사는 집이 어떻게 생겼는지를 보면서 왜 그런 식으로 집을 꾸몄는지 설명을 듣거나 질문을 하는 것이다. 이때 자신의 취향을 기준으로 다른 사람의 집을 평가하거나 바꿔 놓으려고 해서는 안 된다. 우리는 손님으로 간 것이지, 그 집 주인이 아니기 때문이다. 상대의 집이 내 마음에 드는지는 중요하지 않다. 집 주인만 만족하면 그만이다. 다만 다른 사람의 집을 구경하다가 마음에 드는 부분이 있으면, 그것을 내 집에 응용해 볼 수는 있을 것이다.

갈등은 자신의 생활 방식만을 고집하며 이웃을 제약할 때 일어난다. 예를 들어 스트레스를 풀기 위해 음악을 큰 소리로 듣고 싶을 경우, 이것이 조용히 책을 보면서 스트레스를 풀려는 옆집 사람에게는 방해가 될 수 있다. 스트레스 해소 또는 긴장 완화에 대한 사람들의 욕구는 보편적이지만, 어떤 방식으로 그 욕구를 충족할지는 사람마다 다르다.

이런 상황에서 '이해하기'란 다른 사람의 행위 뒤에 숨어 있는 의도나 목적을 파악하는 것이다. 그러나 상대방의 의도나 목적을 파악했다고 해서 무조건 상대방의 행위를 받아들여야 하는 것은 아니다. 이해하는 것과 동의하는 것은 별개의 일이다! 상대가 도대체 왜 그런 행위를 하는지를 이해하기 시작하면, 상대와 공존하는 길을 더 쉽게 발견할 수 있다. 스트레스를 풀기 위해 동네 사람들을 초대해 맥주 파티를 열어 보는 것은 어떨까?

다시 마트에서 난동을 피우는 아이의 이야기로 돌아가 보자. 엄마의 마음은 어떤 상태인가? 엄마는 그 순간 무엇을 느끼며, 무엇을 필요로 하는가? 아마도 많이 지쳐서 휴식이 필요할 것이다. 아니면 엄마 노릇을 잘하지 못한 것처럼 보여서 창피해하고 있을지도 모른다. 또는 좋은 엄마 노릇을 하기가 버거워서 도움을 간절하게 바라고 있거나, 아이와의 연결 고리가 끊어져서 좌절감을 느끼고 있을지도 모른다. 엄마는 바로 이러한 감정을 아이에게 설명해 주어야 한다. "엄마는 너무 지쳤어. 그래서 좀 기분이 편해졌으면 좋겠고, 너와 즐거운 시간을 보내고 싶은데, 넌 어떠니?" 하지만 아이의 대답은 뻔하다. "난 젤리 먹고 싶어요!"

아이가 느끼고 있는 감정은 어떤 것이며, 아이가 원하는 것은 무엇일까? 엄마는 아이와 함께 그 욕구가 무엇인지 찾아내야 한다. "무엇을 먹을지 스스로 선택하고 싶어서 화가 난 거니? 엄마가 네가 무엇을 먹고 싶어하는지 물어보고 네 의견을 존중해 주길 바라는 거야? 엄마한테 무엇이든 허락을 받아야 하는 것이 얼마나 짜증나는 일인지 누군가가 이해해 주길 바라는 거 맞아?"

아이가 진정 원하는 것이 무엇인지 파악하고 나서, 이제 엄마는 무엇을 느끼며 무엇을 원하는가? 아마도 아이가 왜 그러한 행동을 했는지 파악했다는 사실에 즐거움을 느낄 것이다. 어쩌면 항상 명령에 따라야만 하는 아이의 안타까운 심정도 이해하기 시작했을 수도 있다. 그러나 한편으로는 아이의 건강이 여전히 걱정될 것이다. 엄마는 아이가 몸에 좋은 음식을 먹고 건강하게 자라길 바란다. 이 바람 역시 아이에게 알려 주어야 한다. "엄마도 무슨 일을 할 때 사람들이 엄마 의견을 물어보고 존중해 주기를 바란단다. 너도 마찬가지일테니 앞으로는 항상 네 의견을 존중하도록 할게. 하지만 엄마는 네가 건강해서 마음껏 뛰어놀 수 있기를 바라는데, 그러기 위해서는 몸에 좋은 음식을 먹어야 하지 않겠니? 자, 그럼 네 의견을 존중하면서도 네가 좋은 음식을 먹기를 바라는 엄마의 바람을 이루기 위해서 어떻게 하면 좋을까?"

서로를 이해하기 위해서는 가장 먼저 다음과 같은 형태의 대화를 나누어야 한다. "네가 왜 그러는지 궁금해. 그리고 엄마의 마음이 어떤지도 알려 주고 싶어. 그러면 엄마와 네가 함께 만족할 수 있는 길을 찾을 수 있을 거야." 이것이 비폭력 대화의 기본자세이다.

그렇다면 부모는 아이가 무슨 짓을 해도 다 이해해야 한단 말인가? 결코 아니다! 아이의 행동(소리 지르기) 뒤에 숨어 있는 욕구(의사 결정 과정에 참여하는 것)를 파악하고 이해하는 것이 부모가 가장 먼저 해야 할 과제이다. 아이의 행동은 자신의 욕구를 충족하기 위한 여러 가지 방법 중에 아이가 선택한 한 가지일 뿐이다. 때문에 아이의 행동을 납득할 수 없더라도, 그 행위 뒤에 숨어 있는 욕구는 충분히 이해할 수 있다.

또한 아이의 욕구가 파악되면, 아이가 선택한 수단과 방법이 과연 성공한 것이었는지에 대해서도 검토해 볼 수 있다. 아이가 선택한 방법은 욕구를 충족하는 데 성공했는가? 만약 아니라면 더 효과적인 방법을 찾아내야 할 것이다. 부모는 아이가 말 그대로 더 예쁜 짓을 선택할 수 있도록, 또 아이가 다양한 방법을 생각할 수 있도록 도와줄 필요가 있다. 이때 아이가 왜 그런 행동을 했는지 이해하는 것이 가장 중요하다. 아이는 자율성을 인정받고 싶어하는데, 젤리 대신 무조건 사과를 강요하면 아무런 의미가 없다. 이 방법보다는 아이에게 오후 시간을 어떻게 보낼지 함께 결정할 수 있는 기회를 주는 것이 훨씬 도움이 된다.

엘리아는 한 살 반이 되면서부터 오랜 시간 혼자서 놀기 시작했는데, 놀이에 푹 빠지면 주위에서 무슨 일이 일어나는지 알아채지 못할 정도였다. 그런데 엘리아는 자신만의 세계에 빠져 놀다가도 자주 부엌으로 달려와 먹을 것을 내놓으라고 하곤 했다. 음식을 차려 주면 겨우 한 입 먹고는 곧 다시 노는 데 정신이 팔렸다. 우리는 아이가 언제든지 먹을 수 있게 과일을 준비해 두었지만, 아이가 원한 것은 그게 아니었다. 아이는 신선한 과일을 그 자리에서 깎아 달라고 요구했다. 우리는 한참이 지나서야 엘리아의 욕구가 무엇인지 파악할 수 있었다. 엘리아는 우리가 그 자리에서 자기를 지켜보고 있는지, 자신을 사랑하는지를 확인하기 위해 놀이를 멈추고 달려온 것이다. 그래서 우리는 엘리아가 원하는 안정감을 주기로 했다. 그것은 하루 종일 부엌에서 대기하고 있다가 아이에게 먹을 것을 챙겨 주는 것보다 훨씬 쉬운 일이었다.

믿음

아이가 유치원이나 놀이방에 가는 것은 태어나서 처음으로 안전하고 익숙한 집을 떠나는 것을 의미한다. 큰 도전이 아닐 수 없다! 부모도 마찬가지이다. 부모는 처음으로 아이를 다른 사람의 손에 맡기게 되는 것이다.

부모는 자신만의 시간을 가질 수 있게 되고, 아이는 안전한 공간에서 사회성을 키울 수 있게 된다. 아이는 유치원이나 놀이방에서 또래 아이들에게 배우며, 그들과 함께 놀거나 만들기를 하고, 노래를 부르고 그림을 그리면서 세상을 알아간다.

그러나 이 도전에는 두려움과 의심이 따르기도 한다. 부모는 '아이가 잘 놀고 있을까?', '아이가 다른 아이들과 잘 어울리고 있을까?', '우리 아이의 가치를 사람들이 알아봐 줄까?', '아이에게 혹시 무슨 일이 생기면 곧바로 연락을 해줄까?', '유치원 선생님이 아이의 요구를 잘 들어주고 아이를 잘 챙겨줄까?'와 같은 걱정을 떨쳐 버리기 쉽지 않다. 어린 자식이 과연 유치원에서도 집에서 받는 만큼의 사랑, 안정감, 따뜻함, 인정을 받고 있을지 걱정한다.

유치원에 아이를 맡기기 위해서는 큰 믿음이 있어야 한다. 부모는 유치원에 자식을 맡기는 것이 어떤 의미가 있는지, 구체적으로 어떻게 이루어지는지 등에 대한 정보를 수집하면서 확신을 가질 수 있다. 다른 부모의 경험을 듣는 것도 큰 도움이 된다. 이렇게 준비된 부모는 적어도 '나는 내 아이를 위해 내가 할 수 있는 최선을 다했다'는 안도감과 자신감을 얻게 된다.

그러나 그렇다고 해서 세상에 둘도 없는 내 사랑스러운 아이가 내가 지켜보지 않는 곳에서 안전하게 지내는지, 내가 원하는 것처럼 충분한 보살핌을 받고 있는지에 대한 '확신'을 갖게 되는 것은 아니다. 예를 들어 딸이 울면서 집에 돌아와 유치원에 가기 싫다고 한다거나, 억울함을 이야기하기 시작하면 확신과 믿음은 사라진다. 머릿속이 점점 복잡해지면서 유치원에서 일어날 수 있는 모든 경우를 떠올리게 되고, 유치원 교사를 믿지 못하게 된다. 처음에는 가능성이 있는 것들을 떠올리다가 끝내 그것이 현실이라고 믿는다. 여기에서부터 갈등이 생긴다. 이러한 상황에서도 우리는 명확하게 현실을 바로 보고, 이해하고, 이해받아야 한다. 모든 당사자의 욕구가 충족될 때에야 비로소 문제는 해결된다. 무엇이 옳고 그른지를 판단하고 사건의 책임이 누구에게 있는지를 찾아내는 것은 아무런 의미가 없다.

> "내 행위의 유일한 목적은 내 주위에 순수한 인간의 삶이 펼쳐지고, 발달하고, 강화될 수 있는 자유로운 공간을 확보하기 위해서이다."
>
> — 프리드리히 프뢰벨(최초의 유치원 설립자)

사실 유치원 교사의 임무는 엄청나다. 한 반에 전혀 다른 가정에서 온 약 25명의 아이들이 있다. 가장 어린 아이는 가장 큰 아이의 절반도 안 되는 나이다. 다시 말해, 한반 아이들은 자신을 표현하는 언어 능력이나 가능성이 제각각이라는 것이다. 게다가 아이들의 가정 환경이 다르니 가치관도 다르다. 어떤 아이에게는 너무나 당연한 일이 다른 아이에게는 절대로 해서는 안 되는 일인 경우도 있다. 아이들은 모두 교사가 자기만을 바라봐 주기를 바란다. 또한 욕구를 충족하기 위해 자신이 원하는 모든 것을 얻기를 바란다.

유치원은 가정교육을 보충하는 곳일 뿐 아니라, 아이들이 다른 사람에 대한 존중, 안정감 그리고 소속감을 경험하는 곳이기도 하다. 비폭력 대화는 유치원의 좋은 점과 값진 부분을 발견하게 해주며, 교사가 온종일 아이를 돌보고 가르치기 위해 쏟는 열정과 수고를 깨닫게 해준다.

성장

비폭력 대화를 통해 우리는 아이와 공감하면서, 아이가 세상을 향해 나아가도록 돕는 교육을 터득할 수 있다.[2] 아이를 키우면서 부모는 아이에게 방향을 설정해 주거나, 자신의 경험을 통해 아이를 도와주며, 아이가 잘 자랄 수 있는 환경을 제공하려고 한다. 이때 보호와 안전은 성장과 배움 못지않게 중요하며, 사랑도 자유만큼 중요하다. 괴테는 이렇게 말했다. "아이들은 부모에게 두 가지를 받아야 한다. 바로 뿌리와 날개이다."

비폭력 대화는 자유방임이나 강압적인 교육과 다른 길을 제시해 줄 것이다. 우리의 목표는 새가 자기 새끼에게 따뜻함과 편안함 그리고 안전함을 주기 위해 둥지를 짓는 것에 비유할 수 있다. 훗날 어미 새는 새끼에게 나는 법을 가르치고, 삶의 위험이나 즐거움에 관한 자신의 경험을 전수한다. 그리고 결국 어느 시점이 되면 새끼를 놓아주며, 이후에 새끼가 자유롭게 부모를 찾아오는 것을 기쁘게 생각한다. 군디는 "내 소망은 우리 아이들이 각자의 가정을 꾸린 뒤 우리와 함께 보내는 크리스마스를 기대하는 것이에요"라고 말한 적이 있다.

비폭력 대화에 관한 이 책은 수많은 가능성 중 한 가지일 뿐이다. 도움이 된다고 생각하는 부분들을 실제로 적용해 보기 바란다. 사랑, 유대감, 이해, 따뜻함, 신뢰, 상호 존중, 자유, 공동 관심, 재미, 존경심 등으로 가득한 아이와의 관계를 만들기 위해 내 가정, 내 자신, 내 사고방식에 어떤 것들이 도움이 되는지 찾아보기를 바란다.

2장

비폭력 대화란 무엇인가

마셜 로젠버그 박사는 미국의 미시간 주 디트로이트의 한 마을에서 성장하면서 유태인의 피가 흐르는 백인이라는 이유로 폭력과 맞서야 했다. 이러한 성장 과정을 거치면서 로젠버그는 평화로운 의사소통 방법에 관심을 갖게 되었다. 그는 1961년 위스콘신 대학교에서 임상심리학 박사 학위를 받았고, 비교종교철학도 연구했다.

마셜 로젠버그는 1963년에 '비폭력 대화'를 개발하기 시작했다. 1960년대 미국의 시민운동이 그의 연구에 많은 영향을 주었다고 볼 수 있다. 그의 비폭력 대화 이론은 날로 다듬어지고 발전했다. 비폭력 대화 지도 요청이 쇄도하자 마셜 로젠버그는 1984년에 비폭력대화센터(The Center for Nonviolent Communication, CNVC)를 설립

했고, 이 센터는 국제적인 기구가 되었다. 마셜 로젠버그는 현재 250명에 달하는 인증 지도자들과 함께 약 65개 나라에서 교사, 학생, 부모, 기업 간부, 의사, 법조인, 평화 운동가, 범죄자, 경찰, 종교인 등에게 비폭력 대화를 전수하고 있다. 그는 전쟁 및 분쟁 지역에서 진행되는 다양한 평화 촉진 프로그램에도 참여하고 있다.

　마셜 로젠버그는 상대방과 서로 마음을 주고받는 관계를 만들기 위한 네 단계를 소개한다. 바로 관찰, 느낌, 욕구, 부탁이다. 이때 자기 공감, 솔직한 자기 표현, 공감으로 듣기가 뒷받침되어야 한다.

　중요한 것은 비폭력 대화가 하나의 방법이나 모델이라기보다, 자기 자신과 다른 사람에게 취해야 할 태도라는 점이다. 비폭력 대화는 자신과 상대방의 욕구, 더 나아가 모든 사람들의 욕구를 고려하는 태도를 의미한다. 음식에 대한 욕구는 나와 내 가족이 배가 부르다고 충족되는 것이 아니다. 모든 생명체가 충분한 양의 음식을 먹을 수 있을 때에야 비로소 충족된다. 비폭력 대화는 인간은 모두가 하나이며, 모두가 같은 욕구를 가진 존재로, 모든 것을 포괄하는 똑같은 에너지의 형상이라고 보고 있다. 결국 우리는 모두 연결되어 있기 때문에 서로를 이해하고 공감할 수 있는 것이다. 상호 대립이 아니라 상호 협조하는 관계, 남을 지배하는 힘이 아니라 함께 무언가를 만들어 내는 힘이 필요하다. 비폭력 대화는 이기고 지는 삶이 아니라, 공동의 삶, 인간과 자연의 존엄성을 인정하며 서로 존중하는 삶을 추구한다.

　비폭력 대화는 이러한 삶을 추구하는 우리에게 서로 소통하는 방법을 소개한다. 소통을 목적으로 하는 모든 형태의 언어적 또는 비언어적 표현이 비폭력 대화에 포함된다. 때문에 비폭력 대화가 앞서 말한 네 단계를 통해서만 가능한 것은 아니다. 많은 경우 웃음이나 음악이 많은 말보다 사람의 마음을 쉽게 열어 준다. 다시 말해, 네 단계는 우리를 표현하는 법을 배우기 위한 도구나 보조 수단일 뿐이다.

왜 하필 '비폭력 대화'라 부르는가?

비폭력 대화라는 이름은 우리가 평소에는 '폭력적'이라는 인상을 주기 때문에 비판을 받기도 한다. 사실 '비폭력'은 비폭력 대화가 지향하는 것을 직접 표현하는 단어가 아니다. 때문에 로젠버그는 '삶을 풍요롭게 하는 언어', '마음의 언어', '기린 언어'라는 표현을 더 즐겨 쓴다. 그러나 가장 처음 붙인 이름이 널리 쓰이게 마련이다. 때문에 비폭력 대화라는 이름이 공식으로 사용되고 있으며, 많은 관련 서적이 출판되면서 전 세계로 확산되었다.

기린과 자칼은 무엇을 상징할까

마셜 로젠버그는 기린과 자칼을 이용해 다양한 대화의 예를 소개한다. 기린은 목이 길기 때문에 주위를 두루 내려다볼 수 있다. 즉, 주위에 무슨 일이 일어나는지 늘 파악할 수 있다. 또한 기린은 큰 심장을 가진 동물이다. 그래서 기린은 '마음으로 소통하는 사람'을 상징한다. 기린은 기린 언어로 자신의 욕구나 느낌과 소통하며, 다른 사람의 욕구와 느낌을 파악해 그 사람과 소통한다. 기린은 모든 정보를 자신의 가치 기준에 따라 평가한다. 다시 말해, 지금 일어나는 일들이 욕구 충족에 도움을 주는지 검토한다. 만약 그렇지 않다면 욕구 충족에 더 도움이 되는 방법을 찾는다. 기린은 도덕주의적인 판단을 하지 않는다. 그리고 자신의 행동에 책임을 진다.

반면, 자칼은 옳고 그름과 좋고 나쁨을 구분한다. 자칼은 자기가 부정적이라고 판단하는 행위를 하는 사람을 부정적으로 평가해 버린다. 어떤 행동이 자신에게 해가 되는 일이라고 판단하면, 즉시 그 행동을 한 사람을 '나쁜 사람'이나 '잘못을 저지른 사람'으로 평가한다. 만일 그 사람이 자기 자신이었다면 '내가 잘못을 저질렀다고' 생각한다. 이런 식의 생각은 분노, 죄책감, 수치심, 우울 같은 감정으로 이어지며, 대개 갈등, 공격, 방어, 사과, 용서 등의 행위를 낳는다. 자기 자신이나 다른 사람과의 이해나 소통으로 이어지는 경우는 아주 드물다.

그렇다면 다른 사람과의 소통을 위해 어떤 식의 대화가 더 쓸모 있을까? 기린이나 자칼 모두 비폭력 대화를 설명하기 위한 상징일 뿐이다. 다시 말해, 둘 중 하나가 '더 좋고' 하나가 '더 나쁘다'는 것은 아니다. 더 나아가 동물을 좋은 동물과 나쁜 동물로 구분하려는 것(기린은 좋은 동물, 자칼은 나쁜 동물 식의 구분)은 더더욱 아니다. 자칼은 한편으로 "너는 게을러" "너는 착한 아이야" 등과 같은 말을 통해 현재 욕구가 충족되었는지, 또는 욕구가 충족되지 않았는지를 재빨리 알려

자칼 언어	기린 언어
게을러서 오늘도 쓰레기통을 비우지 않았군. 평가	쓰레기통이 꽉 찼구나. 관찰
완전히 이용당한 것 같은 기분이 들어. 해석	~때문에 짜증이 난다. 느낌
너는 언제나 약속을 지키지 않아. 비판	왜냐하면 난 우리가 서로 약속한 것을 지켰으면 해. 욕구
당장 쓰레기를 버리고 와! 그렇지 않으면 당분간 텔레비전 시청은 금지야! 명령과 처벌	왜 쓰레기통을 비우지 않았는지 설명해 줄 수 있겠니? 부탁

준다. 그러나 이러한 식의 평가는 소통과 상호 이해를 방해한다. 다른 한편 자칼은 기린으로 하여금 자칼의 작은 실수를 다음과 같은 문장으로 수정할 수 있게끔 한다. "난 도움이 필요해." "혼자서 잘 놀아 주어서 고마워. 덕분에 아주 편안하게 쉬었어."

옳고 그른 것이 존재한다고 믿는 '자칼스러운' 생각에 내가 얼마나 사로잡혀 있는지 스스로 진단해 볼 수 있는 다음과 같은 질문들이 있다.

● 다른 사람과 대화를 할 때 기린 언어의 제안처럼 관찰한 것을 명확하게 표현하며, 생각이 아닌 느낌을 이야기하며, 관찰한 사람의 욕구와 그 사람을 분리해서 생각하며, 명령이 아닌 부탁을 하지 못했다면 스스로 잘못했다는 생각을 하는가? 그렇다면 나는 나쁜 기린이 되는 것일까?

- 내가 충분히 '기린스럽지' 못하면 '자칼스러워'지는 것일까?
- 다른 사람들은 나보다 먼저 기린스러워져 있는가?
- 선택한 방법이 현재 전혀 도움이 되지 않음을 알았다는 것에 즐거워하는가?
- 내가 지금 하고 싶은 것을 했지만, 그것이 중요한 욕구와 정반대되는 것이어서 이 선택에 대한 변명을 찾아다니고 있는가?

유치원 교육을 위해 개발한 '기린의 꿈 프로젝트'에서 자칼은 교육학적 이유 때문에 아무런 의미가 없다. 우리는 아이들에게 서로 어떻게 지내야 하는지, 또 어떻게 서로 소통할 수 있는지 등을 알려 주는 것이 어떤 일을 하지 말라고 금지하는 것보다 훨씬 도움이 된다고 생각한다.

욕구는 충족될 수 있는가

- 비폭력 대화의 동기는 서로를 연결하고 관계를 강화하려는 것이다. 공감은 우리가 서로 연결되어 있는 상태를 말한다. "나는 너를 움직이는 것, 너를 살아 있게 만드는 것이 무엇인지 다 들어줄 준비가 되어 있어. 나는 네 느낌과 욕구가 설사 너의 다른 말들 뒤에 숨어 있다 해도 그것들에 귀를 기울일 준비가 되어 있단다."
- 사람들은 모두 기본적으로 공통된 욕구를 갖는다. 그중에는

다른 사람의 행복에 기여하고자 하는 욕구도 포함된다.

● 따라서 폭력과 갈등은 욕구 차원이 아니라 방법 차원에서 일어난다. 다시 말해, 욕구를 충족하는 방법 때문에 일어나는 것이다. 자신의 욕구와 다른 사람의 욕구를 알면 다른 사람과 합의점을 찾는 데 도움이 되며, 적어도 합의점을 찾기 위한 대화의 여지를 찾을 수 있다.

● '옳고 그름', '선과 악', '너 아니면 나', '이것 아니면 저것' 등은 평가하는 표현이다. 이것은 자원이 아주 드물고 적어서 모두를 충족시킬 수 없다는 전제로부터 출발한다. 그러나 삶을 풍요롭게 해주는 문화에서는 모든 사람의 욕구가 동시에 충족될 수 있다는 것을 전제로 하며, 자원의 희소성이 아닌 자원의 풍요로움에 초점을 맞춘다.

● 우리의 욕구에 대한 평가일 경우, 가치 평가는 삶에서 반드시 필요한 것이고 우리의 삶에 도움도 된다. 예를 들어 "사람은 누구나 말을 할 때 상대방이 자신의 이야기를 잘 들어주기를 원한단다. 그래서 엄마는 네가 엄마의 말을 귀담아 듣지 않으면 속이 상한단다"와 같은 가치 평가가 그렇다. 이 경우 나는 아이의 '귀담아 듣지 않는' 행위를 '상대방이 내 이야기를 잘 들어주기를 원하는' 내 욕구를 충족해 주지 못하는 행위이라고 평가하는 것이다. 이 말에는 내가 다른 사람들과 소통하고 가까워지고 싶다는 의미가 내포되어 있다. 그러나 판단과 일반화는 다른 사람과의 사이를 점점 더 멀어지게 하는 평가일 뿐이다. "내 말을 귀담아 듣지 않으면 너는 네

또래의 다른 아이들처럼 버릇없고 고집스러운 애가 될 뿐이야."

● 우리는 무엇을 하든지 우리의 욕구를 충족하기 위해 할 수 있는 최선의 방법을 선택한다. 모든 행위는 자기 자신의 욕구 충족이라는 바람을 기초로 하지, 다른 사람의 욕구를 제한하는 것을 기초로 하지 않는다. 만약 다른 사람의 욕구가 제한당할 경우에는 내 자신의 욕구를 충족하기 위한 다른 방법을 찾아야 한다.

● 자신의 감정은 자신의 욕구에서 나오는 것이기 때문에 자신이 느끼는 감정에 대한 책임은 자신에게 있다. 다른 사람은 감정을 자극할 수는 있지만, 감정에 대한 책임은 없다. 그러나 우리 모두는 다른 사람에게 다가갈 때의 의도와 상대의 반응에 대한 내 태도에 대해 책임이 있다.

내 느낌에 대한 책임은 누구에게 있을까

갈등은 자신과 상대에 대해 알 수 있는, 그리고 그 결과 더 친밀한 관계를 만들어 나갈 수 있는 기회이다. 즉 다른 사람에게 가까이 다가감으로써 그 사람이 무엇 때문에 그러한 행동을 하게 되었는지를 더 명확하게 이해할 수 있게 된다. 갈등 상황에서는 다음과 같은 (내면의) 표현을 흔히 볼 수 있다. "정말 기분 나빠! 모두 네 잘못이야! 넌 지금 나한테 어떻게 해야 할 것 같니? 그것마저 모르기만 해봐!"

"난 정말 실망했어. 왜냐하면 네가~"는 내 감정에 대한 책임을 다른 사람에게 돌리는 표현이다. 과연 정말로 다른 사람에게 책임이 있는 것일까? 우리는 진심으로 내가 느끼고 있는 감정에 대한 책임을 다른 사람에게 지우고 싶어하는가? 다른 사람들에게 마치 내 머리 위에 있는 단추를 눌러 나에게 실망, 슬픔, 행복, 심지어 사랑과 같은 감정을 심어 줄 수 있는 능력이 있단 말인가?

직접 실험해 보자. 상대에게 이렇게 말해 보자. "나를 행복하게 해봐!" 만약 상대가 실험에 참여할 마음이 있다면 다양한 과거의 경험과 새로운 시도들을 동원할 것이다. 그러나 내가 행복해하고, 즐거워하고, 심심해하고, 지루해하는 등의 감정을 느끼는 것은 누구의 손에 달려 있는가? 바로 내 자신에게 달려 있다.

"전에는 다른 사람과 갈등이 생기는 것을 두려워했어요. 왜냐하면 다투고 나면 남을 상처가 두려웠기 때문이에요. 그래서 저는 다른 사람과의 원활한 관계를 위해 참고 감내하는 방법을 선택했습니다. 지금에 와서 그 방법이 성공했는지 즉, 내가 그 방법 덕분에 원활한 인간관계를 맺을 수 있었는지를 생각해 보면 '아니다!' 라는 결론이 나와요. 이제는 깨달았어요. 내가 무엇이 싫은지 솔직히 말하지 않고 그냥 참으면, 결국 누군가는 그 대가를 치러야 하는데, 그 결과 바로 내가 원했던 밀접한 관계가 망가진다는 것이에요."

– 군디 가슐러

비폭력 대화는 다른 사람의 행위가 감정을 자극할 수는 있어도, 결코 그 감정이나 갈등의 원인이 될 수는 없다고 본다. 물론 특정 행위가 짜증, 분노, 공격성 따위를 자극할 수는 있다. 하지만 그 원인은 결국 자신 속에 있다. 좀더 자세히 설명하면, 우리의 욕구가 충족된 정도에 따라 또는 충족되지 못했기 때문에 그러한 감정들이 생기는 것이다. 이때 나와 관련이 있는 사람들(자녀, 부모, 연인, 직장 상사, 이웃 등)은 나와 전혀 관련이 없는 사람과 똑같은 행동을 했을지라도, 그들보다 센 감정이 생길 수 있다.

예를 들어 내 아이가 식당에서 뛰어다니거나 음식을 손으로 마구 집어 먹는 것을 보았을 때와 다른 아이가 그러는 것을 보았을 때의 감정에는 큰 차이가 있다. 물론 둘 다 식사에 방해를 받는다. 그러나 자기 아이가 문제일 경우에는 자식이 다른 사람들에게 칭찬받기를 바라는 부모의 욕구, 교육법에 대한 자부심과 사회에 보탬이 되고자 하는 욕구 등이 충족되지 못한다. 남의 눈에 그렇게 보이지 않았다 해도, 그런 생각이 들었다는 것 자체가 문제다. 내 아이가 식당에서 뛰어다니는 것을 보고 있노라면 짜증, 좌절, 피로, 불안, 슬픔 등의 감정이 생긴다. 그리고 곧바로 '나와 내 아이에 대해 다른 사람들이 어떻게 생각할까?' '나는 형편없는 아빠다!', '애들 때문에 또 망신을 당하는군!', '자기네 애들도 똑같으면서 쳐다보기는!', '분명 내가 애들 하나 통제 못하는 인간이라고 흉보고 있을 거야!' 하는 생각에 수치심과 분노가 치밀어오를 것이다.

다시 말해, 우리 마음속에서 특정 감정을 일으키고, 심하게는 갈등으로까지 몰고 가는 원인은 어떤 행위에 있는 것이 아니다. 그 원인은 그 상황에서 다른 사람과 관련된 우리의 욕구가 충족되지 못한 데 있다. 비폭력 대화는 다른 사람이 특정 행위를 했기 때문이 아니라, 다음과 같은 이유로 지금 내가 그러한 느낌을 갖는다고 설명한다. "나는 ~이(가) 필요하기 때문에 ~을(를) 느낀다."

내가 정말로 필요하다고 생각하는 것은 무엇인가? 빨간 장미 한 송이? 새 신발? 돈? 평면 모니터? 물론 이런 물건들이 있으면 좋겠지만, 내가 진정 필요하다고 생각하는 것은 다른 차원의 것들이다. 우리 모두가 (같은 방식은 아닐지라도) 똑같이 필요로 하는 것, 남자, 여자, 어린이, 직장 상사, 직원, 유럽인, 세계시민, 기독교인, 무슬림 등 누구나 필요로 하는 것은 바로 사랑, 유대감, 이해, 따뜻함, 신뢰, 상호 존중, 자유, 공동체성, 재미, 존경심 등이다.

> 만약 오로지 한 가지 해결 방법만이 떠오른다면 그것은 문제를 잘못 파악했다는 증거이다!
>
> — 마셜 로젠버그

욕구를 충족하는 방법에는 여러 가지가 있다. 우리는 선택할 수 있는 여러 가지 방법을 제대로 평가하는 것이 중요하다. 이때 평가 기준은 간단하다. 그 방법을 통해 내 욕구가 충족되는가, 충족되지 않는가.

아이 둘이 서로에게 소리를 질러대고 있다면, 대개 두 아이 모두 상대가 자기 이야기를 들어주고 이해해 주기를 바라고 있기 때문이다. 과연 이러한 방법으로 아이들은 자신이 원하는 것을 충족할 수 있을까? 아마도 불가능할 것이다. 결국 다른 방법을 찾아보아야 한다. 분노 속에 '산산조각 나 버리고 마는' 에너지를 더 효율적으로 사용할 수 있는 방법이 있다. 바로 그 에너지를 당사자 모두가 원하는 것을 이룰 수 있는 새로운 방법을 찾는 데 쓰는 것이다. 소리를 질러대고 있는 두 아이의 문제는 아이들이 차례대로 이야기를 하면 해결할 수 있다.

나는 다른 사람에게 이해를 받는 것이 얼마나 큰 안도감을 주는지, 얼마나 큰 안정감과 유대감을 주는지 경험을 통해 배웠다. 여기에서 말하는 유대감은 때론 깨끗하게 정리되어 있는 부엌이나 잘 정돈된 마당의 잔디나 기 싸움에서의 승리(사실 이 승리는 진정한 승리가 아니고 동시에 패배이기도 하다)보다도 훨씬 값진 것이다. 이때 행위는 중요하지 않다. 욕구가 드러나게 하고, 욕구가 무엇인지 이야기를 들어주는 것만으로도 대부분의 욕구는 충족되기도 한다. 굳이 욕구를 충족하기 위한 구체적인 행위가 따르지 않아도 그것만으로도 만족을 느낄 수 있다.

비폭력 대화의 네 단계

마셜 로젠버그는 서로를 더욱 깊게 이해하고 유대감을 느낄 수 있게 해주는 데 도움이 되는 네 단계를 소개한다.

관찰

인도의 철학자 지두 크리슈나무르티(Jiddu Krishnamurti)는 "인간의 최고 지성은 평가하지 않으면서 관찰하는 것이다"라면서 평가가 섞이지 않은, 관찰을 통해 자기 자신과 이웃에 대한 통찰이 가능하다는 것을 밝혀 주었다.

우리에게 익숙한 대화는 평가, 해석, 비교, 판단으로 가득하다. "너는 내가 원하는 건 좀처럼 하지 않아." "그 여자는 너무 이기적이야." "너는 언제나 바빠." "나는 못생겼어."

내 자신이나 다른 사람에 대해 갖는 이러한 생각들은 주관적인 인식과 도덕적 가치관에 의해 생긴다. 분명히 이러한 생각의 내면에는 질서, 안전, 보호, 단순함 등에 대한 욕구가 숨어 있을 것이다. 또한 이해받고 싶은 욕구, 상대방과 유대감을 형성하고 싶은 욕구도 있을 것이다. 그러나 이런 표현으로 자신의 욕구를 드러내면, 상대는 자신의 인식이 나의 인식과 다르다는 것을 보여주는 반응을 보일 뿐이다. 결국 누가 옳은지, 누구의 가치관이 옳은지를 두고 싸움만 난다. "거짓말 마! 피곤한 거 얼굴에 다 써 있다고!" "아니야!" "그래!" "아니야!" "그래!"……

평가	관찰
버릇없구나!	네가 "할머니는 뚱뚱해"라고 말했을 때〜
방이 완전 돼지우리 같구나!	바닥에 장난감이 여기저기 놓여 있네.
당신 어머니께서 만드신 케이크랑 맛이 똑같애!	당신이 만든 케이크는 맛있어.
난 너무 뚱뚱해!	내 몸무게는 75킬로그램이야.
꼭 필요할 때 야근한답시고 집에 없더라!	당신이 7시에 아이들을 재우기로 약속했잖아. 지금 시간이 7시 반인데 아이들이 아직 거실에서 놀고 있네.

때로는 갈등이 이러한 단계에 이르지도 못하고, 서로 좌절하거나 삐쳐서 아예 말을 안 하는 단계에서 멈추는 경우도 많다. 게다가 상대방에게 자신의 가치관을 인정하라고 강요하기까지 한다. "고집 피우지 말고 어서 침대에 누워! 일단 누우면 네가 얼마나 졸린 상태인지 알게 될 거다!"

비폭력 대화의 목적은 서로 더 깊게 이해하고 인간관계를 강화하는 것이다. 이해받기 위해서는 우선 내가 진정 원하는 것 즉, 내 행위의 동기를 표현할 수 있어야 한다. 그 결과 상대방이 주어진 상황을 나와 동일하게 인식할 수 있어야 한다.

또한 내 속에 특정한 감정을 일으킨 상대방의 구체적인 행위를 알려 주어, 상대방으로 하여금 내가 무엇에 대해 이야기하는지 알 수 있게 해주어야 한다. 이때 상대방이 내 이야기를 계속 듣게 하기 위해서는 평가가 아닌 구체적인 관찰만 전달하면 된다.

　많은 경우, 갈등은 오해를 풀거나 오해가 생긴 일에 대해 더 많은 정보를 제공하면 해소할 수 있다.

사람1	사람2
넌 항상 늑장을 부리더라!	늑장을 부리다니, 그게 무슨 말이야?
저녁 6시에 만나기로 했는데 지금이 6시 반이잖아!	아까 오후에 내가 사정이 있어서 6시 반으로 약속을 미루자고 문자 보냈잖아. 문자 못 봤니?
아니, 오늘 휴대폰을 집에 두고 나왔거든.	

　그러나 객관적으로 관찰한 사실에 대한 묘사가 항상 상대방에게 평가가 섞이지 않은 사실로 들리는 것은 아니다. 어쩌면 "너 지금 시속 150킬로미터로 달리고 있는데, 여기에서는 최고 허용 속도가 120킬로미터야." "네 허리둘레가 지난 여름 이후 5센티미터 늘어났다" 따위는 듣는 사람의 처지에서 비판으로 들릴 수도 있다. 상대가 내가 관찰한 사실에 동의해 주지 않는데도 계속해서 이야기를 하는 것은 의미가 없다. 왜냐하면 상대가 내 이야기에 귀를 기울여 주지 않을 확률이 너무 높아지기 때문이다. 이럴 경우에는 상대방이 그 일에 대해 어떻게 인식하고 있는지를 들어 보고, 그와 공감하면서, 이야기 속에 등장하는 사

건의 상대는 어떻게 되었는지 물어보거나, 맨 처음 자신이 왜 그런 말을 했는지를 설명하면 된다. 그렇지 않으면 객관적인 사실일지라도 그 말 때문에 비판적인 생각과 말들이 눈덩어리처럼 불어날 수도 있다.

'관찰한 것에 대해 말하기'는 상황을 나와 동일하게 인식할 수 있게 만들어 주어 대화에 참여한 당사자 모두가 지금 무엇에 대해 이야기하려는 것인지 파악하게 해준다. 이때 상대방이 나를 이해하도록 하기 위해 구체적인 관찰 결과를 이야기해야 한다. 왜냐하면 상대방에게 내 속에 살아 있는 것 즉, 감정과 욕구가 있다는 사실을 알려 주어야 하기 때문이다.

느낌

자기 자신이나 다른 사람을 이해하기 위해서는 먼저 '이해한다'는 것이 무엇인지 살펴볼 필요가 있다. 이해란 의견이나 사실을 듣고 받아들이는 것이다. 예컨대 "규칙을 이해하셨습니까?" 또는 "1 더하기 1이 2라는 것을 이해하겠니?"에서의 이해가 그러하다.

비폭력 대화에서 이해란 우리 자신에게 진정 중요한 것이 무엇인지, 우리가 행위를 하는 동기나 목적이 무엇인지를 찾아내는 것을 말한다. 우리는 사람들과 관계를 맺고자 하기 때문에 자기 내면에 살아 있는 그 무엇을 찾는다.

이 때 우리가 필요로 하는 것을 이미 갖고 있는지 아니면 아직 갖지 못했는지를 나타내 주는 지표가 있다. 바로 느낌이다. 춥거나 쌀쌀한 느낌, 너무 끼는 느낌이나 편안함 느낌, 눈물을 쏟아지게 하는 느낌이나 웃음 짓게 하는 느낌 등이다. 우리는 웃음, 눈물, 성난 발걸음, 화난 얼굴, 코 훌쩍 거리기, 활짝 웃기와 같은 행동을 통해 우리의 느낌을 언어가 아닌 다른 방법으로 표현한다. 우리는 셀 수 없이 많은 표정과 행동, 음색과 목소리의 크기로 다른 사람에게 자신의 느낌을 전달할 수 있다.

언어는 소통을 가능하게 하는 여러 가지 도구 중 하나일 뿐이다. 물론 행동에 대한 잘못된 해석을 방지하기 위해 반드시 필요한 도구이다. "난 행복해서 우는 거야. 슬퍼서 우는 게 아니라고." 하지만 때로는 "난 사랑에 빠졌어"와 같이 말로는 느낌을 충분히 설명할 수 없는 경우가 있다. 이럴 때 비언어적 표현이 필요하다.

다른 사람들에게 이해받기를 원한다면 상대방이 이해할 수 있도록 나를 보여주어야 한다. "여기 좀 보세요. 내 욕구가 충족되었기 때문에(또는 아직 충족되지 못했기 때문에) 당신에게 내가 지금 무엇을 느끼고 있는지 말해 주고 보여주겠어요. 편안한 느낌은 중요한 욕구들이 충족되었다는 증거이며, 고통스러운 느낌은 중요한 욕구들이 충족되지 못했다는 증거입니다."

일반적으로 사람들은 이런 식으로 상대를 대하는 것에 익숙하지 않다. 오히려 감정을 숨기는 데 익숙하다. 충족되지 않은 욕구를 표현하는 느낌일 경우 더욱 그렇다. 또한 그 욕구가 충족된 뒤에도 "괜찮으세요?"라는 질문에 "예, 좋아요" 정도로만 대답한다. 진심으로 이해받기 원한다면 이러한 태도는 버려야 한다. 이것은 다른 사람을 이해하고자 할 때도 마찬가지이다.

느낌? 생각?

우리는 보통 생각을 나타내는 것을 느낌이라고 부르는 실수를 한다. "뒤통수를 맞은 기분이야." "완전히 궁지에 몰린 느낌이야." "올해는 서울 축구팀이 다시 우승컵을 차지할 것 같아." 물론 이러한 표현 역시 충족되지 않은 욕구의 표현이다. 그러나 상대방은 이러한 표현을 느낌이라기보다 공격, 합리화, 의견으로 이해하기 때문에, 상대는 그것이 욕구의 표현임을 알지 못한다. 스스로에게 물어보자. 이용 당한 느낌이라는 게 과연 어떤 느낌이란 말인가? 도대체 그 느낌은 내 몸 속 어디에 있는가? 혹시 그냥 피곤하거나 지친 것은 아닐까?

느낌에 대해 말을 할 때, 부모교실 참가자들이 강한 거부감과 두려움을 갖고 있다는 것을 알 수 있었다. 참가자들은 "상대방에게 내 느낌을 말하는 것은 조작이다!"라고 말하곤 한다. 도대체 왜 이런 말을 하는 것일까? 사람들은 대개 느낌을 표현함으로써 다른 사람에게 내 감정에 대한 책임감이나 미안함을 떠넘기기 때문이다.

"아빠는 네가 방청소를 하지 않아서 마음이 아프다." "나는 네가 너무 늦게 와서 실망했어." 느낌을 이런 식으로 표현하는 것(나는 ~하다. 왜냐하면 네가 ~하기 때문이다)은 자신의 느낌에 대한 책임을 상대방에게 떠넘기는 것이다. 이런 함정에 빠지지 않기 위해 이런 질문을 해보자. "내 기분이 좋지 않은 것을 다른 사람의 잘못으로 돌리려 하는가, 아니면 다른 사람에게 이해받기를 원하는가?"

이런 경우에는 '왜냐하면'이란 단어를 관찰이 아닌 욕구에 갖다 붙이면 해결이 된다. "나는 ~하다. 왜냐하면 네가 ~하기 때문이다"라는 문장을 "나는 ~하다. 왜냐하면 나는 ~이 필요하기 때문이다"로 바꾸면 된다. 내 느낌은 충족되지 않은 내 욕구 때문에 생긴 것이지, 결코 다른 사람의 행위 때문이 아니다.

이렇게 감정의 원인이 욕구에서 비롯된 것을 알면, 내 감정의 책임은 나에게 있다는 것을 알 수 있게 된다. 나는 이것이 기린 언어를 통해 우리가 얻게 되는 가장 귀중한 것이라 생각한다. 즉, 내 감정의 원인은 내 안에 있다. 바로 내 욕구가 그 원인이다. 다른 사람의 행위는 자극이 될 수는 있지만, 결코 원인이 될 수 없다. 느낌은

관찰한 사실을 원인으로 생각할 경우	관찰한 사실을 자극으로 생각할 경우
오늘 유치원이 오후 2시에 문을 닫아서 너무 당황했다.	오늘 유치원이 오후 2시에 문을 닫았을 때, 나는 나 혼자만의 시간이 더 필요했기 때문에 당황했다.
아빠는 네가 방청소를 하지 않아서 마음이 아파.	아빠는 약속을 지키는 것이 아주 중요하다고 생각해. 그래서 방청소가 안 된 것을 보고 당황했어.
네가 약속 시간보다 20분이나 늦게 와서 실망했다.	난 신뢰를 중요하게 생각하는 사람이라 네가 약속 시간보다 20분 늦게 나타나서 실망했어.
네가 내 말을 들어주지 않아 상처를 받았어.	나는 유대감과 공동체성을 중요하게 생각해. 그래서 네가 보고서를 써야 해서 바쁘다고 말했을 때 상처를 받았어.

충족되었거나 충족되지 못한 욕구를 알려 주는 지표다.

욕구

욕구는 비폭력 대화의 가장 핵심적인 개념이다. 욕구는 행위의 동기이자 동력이다. 모든 행위는 충족되지 않은 욕구를 충족하기 위한 것이라고 할 수 있다. 때로는 욕구 충족과 반대되는 것 같이 보이는 행위도 마찬가지이다.

예를 들어 다른 아이들이 만든 모래성을 망가뜨리고 다니는 아이는 사실 함께 놀고 싶은 욕구와 소속되고 싶은 욕구를 갖고 있지만, '이 애들은 어차피 나랑 놀지 않을 거야!'라는 가슴 아픈 생각에 빠져 있을 수 있다. 이 아이에게는 자신의 상처를 표현하는 가장 효과적인 방법이 바로 다른 아이들의 모래성을 망가뜨리는 것이다. 비극적인 일 아닌가? 아이가 이러한 행동을 통해 이해받고 다른 아이들과 어울리게 될 확률은 지극히 낮다. 그러나 다른 아이들에게 "난 외로워. 너희들이랑 같이 놀고 싶어"라고 솔직히 털어놓는다면, 성공 확률이 높아질 것이다.

비폭력 대화에서는 욕구를 보편적인 것으로 정의한다. 이 세상에 사는 사람은 누구나 똑같은 욕구를 갖고 있다고 전제한다. 우리는 다른 사람에게 더욱 잘 이해받기 위해 우리의 욕구를 표현한다.

소속감에 대한 욕구를 예로 들어 보자. 앞에서 말한 모래성을 망가뜨린 아이의 경우, 다른 아이들과 함께 모래성을 만드는 것이 자신의 욕구를 충족하는 길이다. 하지만 이는 아이가 그 순간에 가장 좋아할 방법일지는 몰라도 유일한 방법은 아니다. 예컨대 다른 아이들과 함께 잡기 놀이를 할 수도 있다. 욕구를 충족하는 방법에는 항상 여러 가지가 있다.

따라서 갈등은 욕구의 차원에서 생기는 것이 아니다. 설사 서로의 욕구가 상충하는 듯해 보여도, 욕구 때문에 갈등이 생기는 것은 아니다. 예를 들어 엄마는 스트레스를 풀기 위해 쉬어야 하는데 아이는 엄마와 놀고 싶어한다. 이럴 때 욕구를 지나치게 구체적인 행동과 연결하면, 엄마와 아이가 서로 만족하는 해결책을 찾기 어려워진다. 엄마에게 휴식이란 소파에 편안하게 기대어 책을 읽는 것이고, 아이에게 놀기란 거실에서 공룡 장난감으로 싸움 놀이를 하는 것이라면 더욱 그렇다. 그러나 사실 엄마의 휴식과 아이의 놀이를 다르게 정의할 수도 있다. 엄마와 아이가 서로 다른 방에서 자신의 욕구를 충족할 수도 있고, 함께 연을 날리거나 산책을 할 수도 있는 것이다.

만일 모든 행위를 다 욕구 충족과 연결하면 우리는 너무 이기적이 되는 것인가? 그렇지 않다. 자기 중심적인 사고와 자기 사랑은 비폭력 대화에서 이타주의를 위한 기본 전제이다. 내 자신의 욕구를 파악하고 존중할 수 있어야, 비로소 다른 사람의 욕구에 관심을 가질 수 있는 힘이 생기기 때문이다. 욕구는 특정 사람에게 국한된 것이 아니다. 즉, 나에게만 있는 것이 아니라 인류 전체가 갖고 있는 보편적인 것이다. 평화와 안전에 대한 욕구는 전 세계 모든 사람들이 평화와 안전을 느낄 때에야 비로소 충족된다.

우리 모두가 갖고 있는 아주 중요한 욕구 가운데 하나가 다른 사람의 행복에 보탬이 되는 것이다. 만약 이러한 욕구가 없었다면, 인간은 아이를 기르지도 않고 부모와 연락하지도 않을 것이다. 또한 다른 사람을 위해 문을 열어 주거나 버스에서 노인에게 자리를 양보하지도 않을 것이고, 미술 전시회나 음악회도 열지 않을 것이다. 교사, 의사, 경찰, 변호사, 목사 따위의 직업도 존재하지 않을 것이다. 그리고 나는 이 책을 쓰지 않았을 것이다. 다른 사람의 행복을 바라보며 그 행복에 나도 보탬이 되었다는 자부심을 갖는 것보다 더 행복한 일이 있을까?

마셜 로젠버그는 인간의 욕구를 7개의 큰 영역으로 구분한다.
다양한 욕구를 정리해 보았다.[3]

자율성
· 자신의 꿈, 목표, 가치관을 선택할 수 있는 자율
· 꿈, 목표, 가치관을 충족할 계획과 방법을 선택할 수 있는 자율

기리는 의식
· 생명의 탄생이나 꿈의 실현을 축하하는 것
· 사랑하는 사람이나 꿈의 상실을 애도하는 것

상호 의존
· 감사
· 공감
· 공동체
· 배려
· 사랑

· 삶을 풍요롭게 하는 데 기여(삶에 기여하기 위한 자신의 능력 행사)
· 수용
· 신뢰
· 안도
· 온정
· 이해
· 정서적인 안정
· 정직(우리의 한계에서 배울 수 있는 정직함)
· 존중
· 지원
· 친밀함

자기 긍정
· 자기 존재에 대한 믿음 - 개별성 존중
· 창조
· 의미, 뜻
· 자기 신뢰/자기 존중

놀이
· 웃음
· 재미

영적 교섭
· 아름다움
· 영감
· 조화
· 질서
· 평화

신체적 양육
· 공기
· 물
· 음식
· 움직임, 운동
· 삶을 위협하는 균, 곤충, 육식동물들로부터 보호받는 것
· 휴식
· 성적 표현
· 주거
· 접촉(육체적)

부탁

부탁은 다른 사람에게 내가 주는 선물이다. 다른 사람에게 자신의 삶을 풍요롭게 만들 수 있는 기회를 주기 때문이다. 이때 부탁이(내가 내 욕구를 알려 주는 것이) 어떤 의미가 있는지, (느낌을 설명하는 것이) 얼마나 중요한지 그리고 무엇보다 상대가 무엇을 해줄 수 있는지 이해하는 것은 큰 도움이 된다. "똑바로 앉아서 먹어!"보다는 "밥을 먹는 동안 벌써 두 번이나 일어났고, 손가락으로 음식을 집어먹고 있는 것을 보면, 엄마는 식사 시간을 행복하게 보내고 싶기 때문에 점점 화가 나. 의자에 앉아서 포크로 음식을 먹었으면 좋겠다."가 훨씬 효과적이다. 이때 엄마의 부탁에는 다음과 같은 원리가 적용되었다.

- 내 욕구에 부합하는 부탁을 한다. (편안한 마음으로 시장 보기를 원한다면 아이에게 젤리 대신 사과를 주는 것은 별 도움이 되지 않는다. 그보다는 "장난감 코너에 가서 구경하고 있어. 엄마가 갈 때까지 꼭 거기 있어야 해"라는 부탁이 더 효과적이다.)

- 추상적인 부탁보다 구체적인 부탁을 한다. ("조심해!"보다는 "왼쪽 오른쪽을 살피면서 차가 오면 알려 줘!")

- 부탁을 긍정적인 표현으로 한다. 다시 말해, 내가 원하지 않는 것을 말하기보다 원하는 것을 말한다. ("찻길로 뛰어가면 안 돼!"보다는 "엄마 손 잡고 가자.")

- 즉각 실현 가능한 부탁을 한다. ("다음번에는 그 친구랑 먼저 이야기를 해라"보다는 "만약 저 친구가 네 삽을 빼앗아 가면 어떻게 할지

이야기해 줄 수 있니?")

- 언제든 "아니오"라는 대답이 가능한 부탁을 한다.[4]

내 부탁을 선물로 여기면, 나는 상대방이 "아니오"라고 거절하는 것에 대해 열린 마음을 가질 수 있다. 더 나아가 내 부탁을 들어줄 수 없다고 즉시 말해 준 것에 대해 고마움을 느낀다. 왜냐하면 상대방에게 다른 부탁을 하거나, 다른 사람에게 그 부탁을 할 수 있는 기회가 생겼기 때문이다. 내 목표는 특정한 사람이 특정한 행위를 해주는 것이 아니라, 내 욕구가 충족되는 것이다. 따라서 때로는 내 욕구를 혼자의 힘으로 충족할 수도 있다.

다른 사람의 "아니오"라는 대답 뒤에는 다음과 같은 다양한 동기가 숨어 있을 수 있다.

- 상대방이 내 부탁을 강요나 명령으로 이해했다. 이 때는 스스로 자신이 한 부탁을 점검하거나, 자신의 의도를 밝히고 다시 부탁을 하는 것이 도움이 된다. 경우에 따라서는 내가 "아니오"라는 거절을 받아들일 준비가 되어 있지 않아, 부탁하는 형태로 강요나 명령을 했을 수도 있다. 이때 나는 아마도 '부탁한다'는 말을 생략한 채 비폭력의 경계를 넘으려 했을 것이다.

- 내 부탁을 상대가 이해하지 못했기 때문에(예를 들어 자세하지 않아서) 상대는 내가 무엇을 원하는지 알지 못하며, 내가 원하는 행동을 하지 못한다. 외국어로 된 계약서나 마찬가지이다. 무엇이 씌어 있는지 알 수가 없으니 계약서에 무조건 서명하기를 꺼릴 것이다.

• 내 부탁을 상대가 이해하기는 했지만, 들어줄 수 없는 상태이다. 오늘 오후 나는 딸 마리에게 체육관에 가기 전에 수학 숙제를 할 수 있겠냐고 부탁했다. 마리는 "아니오"라고 거절했는데, 이 거절에는 사실 "수학 문제를 혼자서 못 풀겠어요"라는 답변이 숨어 있었다.(그 순간에 이 사실을 떠올렸더라면…….)

• 상대방이 자신의 긴급한 욕구를 충족하고 있다면, 상대방의 "아니오"는 자기 자신의 욕구 충족을 위한 "예"인 것이다. 이 책을 쓰는 동안 그런 일이 자주 일어났다. 아이들이 달려와 "같이 놀아요!"라고 졸라대면, 나는 "지금 글이 막 잘 써지고 있어서 계속 쓰고 싶다"라는 대답 대신에 "안 돼!"라고 말하곤 했다.

때로는 우리의 욕구가 다른 사람들의 특정 행위를 통해 충족된다. 특히 남이 내 얘기를 들어주고 이해해주기를 바라는 욕구를 충족하고자 할 때에는, 내가 말한 것을 상대방이 정말 잘 이해했는지 확인해 보는 것이 좋다. 내 욕구를 설명하기 위해 말과 함께 사용하는 비언어적 표현이 오해를 낳을 수 있기 때문이다. 또 상대방이 내가 이야기를 하는 동안 자신의 문제를 생각하느라 내 이야기를 잘 이해하지 못하거나, 내 이야기 대신 내 흔들거리는 발에 집중하고 있을지도 모르기 때문이다. 이처럼 여러 가지 '방해 요소'가 존재하는데도 사람들 사이의 소통이 그렇게 자주 성공을 거둔다는 것이 놀라울 뿐이다.(그런데 정말 성공하는 것일까?) 오해할 수 있는 모든 것을 없애기 위해 상대방에게 다시 물어볼 것을 권한다. 그리고 이때 자신의 의도를 정확하게 표현하는 것이 중요하다. "내가 방금 말한 것을 난 아주 중요하게 생각해. 그리고 내 말을 네가 잘 이해했다는 것을 확인하고 싶어. 방금 내가 한 말을 다시 한 번 네 말로 설명해 줄 수 있겠니?" 이러한 형태의 부탁을 '그대로 다시 말해 달라고 부탁하기'라고 부른다. 다음 예를 통해 이 부탁이 얼마나 중요한지 살펴보자.

친분이 있는 한 부부가 딸아이의 학교 선생님과 있었던 문제에 대해 이야기해 주었다. "선생님께 우리가 원하는 것이 무엇인지 벌써 몇 번을 말씀드렸는데 전혀 달라지는 것이 없어요. 도대체 말이 안 통하는 선생님이에요. 기린 언어도 다 소용이 없어요." 우리는 그 자리에서 남편이 교사에게 부부의 바람을 설명하는 역할 놀이를 하자고 제안했다. 남편은 모든 외교적인 재능과 몸가짐과 예절을 동원해 세부적이고 논리적인 이유를 대면서 자신이 바라는 것을 전달했다. 그러나 교사(아내)는 부부가 설명한 대로 '고집스럽게' 거절했고 폐쇄적인 반응을 보였다. 이것이 바로 남편이 이해할 수 없는 부분이었다.

이러한 태도를 이해하기 위해 교사 역할을 한 부인에게 남편의 이야기가 어떻게 들렸는지 물어보았다. 아내의 답변은 예상 밖이었다. "계속해서 내가 선생 노릇을 제대로 못한다면서 차라리 자기가 하면 더 잘하겠다는 식의 인상을 받았어요." 남편은 놀랐다. 사실 교사를 나무랄 의도는 아니었다. 그는 교사를 존중하는 학부모였고, 그저 딸아이가 걱정스러웠던 것뿐이었다. 그는 자신이 한 말이 교

사의 처지에서 공격과 질타로 받아들여지는 한 결코 교사와 협력할
수 없다는 사실에 동의했다.

자기 마음속에서 일어난 일들에 대해 이야기를 하고 나면, 상대
방의 마음속에서 일어나는 일들에 대해서 듣고 싶어한다. 이러한
욕구를 충족하기 위해서는 상대방이 반응해 줄 것을 부탁해야 한
다. 이 때에는 다른 사람과의 연관성 혹은 관계가 중요하다. "내가
한 말 때문에 기분이 달라졌니?" "내가 말한 것이 도움이 되었니?"
"이 말을 들으니 어때?" "자, 이제 네가 말할 차례야." 이것이 바
로 이해하고 이해받기에 도움을 주는 '기린의 춤'으로의 초대이다.
기린의 춤은 자기 공감, 자기 표현, 공감이 교차하는 어우러짐이다.

공감

춤을 추기 위해서는 스텝이 필요하다. 이 스텝은 과정이다. 기린
의 춤에도 다음과 같은 스텝 곧 과정이 있다. 자신에게 중요한 것
을 찾고(자기 공감), 다른 사람에게 무엇이 문제인지 그리고 상대가
내 삶을 아름답게 만들기 위해 어떻게 기여할 수 있는지를 알려 주
고(자기 표현), 상대방의 내면에 무슨 일이 일어나고 있는지 들어
본다(공감).

우선 자기 공감은 다음 사항을 명확하게 이해하기 위해 내면에서
이루어지는 과정을 의미한다.

- 나에게 중요한 것.
- 무엇이 문제인지.

- 내면에서 일어나는 일들.
- 그 순간에 필요한 것들.

나는 내 자신의 느낌과 욕구를 인식하면서 내 자신과 소통할 수 있게 된다. 자신과 소통하려는 목적은 내 자신이 필요로 하는 것을 얻기 위한 방법을 찾기 위해서이다.

우리는 불쾌한 일이 생기면 대개 평가와 판단을 내리곤 한다. 우리는 이것들을 우리의 욕구와 느낌에 도달하기 위한 '해석의 토대'로 사용할 수 있다. 예를 들어 보자. 아이가 점퍼 입기를 거부한다. 내 머릿속에는 여러 가지 판단이 떠오른다. '안 돼, 감기 걸리면 안 되니까 꼭 입어야 해.' '아침부터 이런 일로 씨름하지 말자.' '왜 너는 늘 시킨 일을 단번에 하는 법이 없니?' 이러한 판단을 해석의 토대로 삼으며 자신에게 질문해 본다. '지금 내가 원하는 것은 무엇인가?' '내가 중요하게 생각하는 것은 무엇인가?'

내가 필요로 하는 것, 내게 중요한 것은 대개 내가 내린 판단의 정 반대쪽에 있는 경우가 많다. '안 돼, 감기 걸리면 안 되니까 꼭 입어야 해'라는 판단을 해석하면, '엄마는 네가 건강하게 마음껏 뛰어놀고 행복하길 바란다' 정도가 될 것이다. '아침부터 이런 일로 씨름하지 말자'는 '난 홀가분함과 조화를 중요하게 생각해' 또는 쉬운 말로 바꿔 '아침에 외출 준비를 재빨리 마칠 수 있고, 우리 둘이 서로 사이좋게 지냈으면 좋겠다'를 의미할 것이다. '왜 너는 늘 시킨 일을 단번에 하는 법이 없니?'는 '엄마가 의도한 바를 네가 그대로 이해하고 존중해 주길 바란단다'를 내포하고 있다. "왜"라는 표현은 대개 이해에 대한 욕구를 나타낸다. 다시 말해, '엄마는 네가 왜 점퍼를 입지 않는지 이해하고 싶다'인 것이다.

이렇게 내가 내린 모든 판단을 해석하고 나면 벌써 어느 정도 안도감을 느끼게 된다. 비로소 상황이 명확해졌다. 그리고 이제 모든 에너지를 모두가 패배하고 마는 의미없는 자존심 싸움이 아니라, 내가 필요로 하는 것을 얻는 데 쏟을 수 있다. 이 예에서는 "홀가분함, 조화, 건강을 원하는 내 마음을 아이가 이해해 주고, 동시에 내가 아이를 이해하기 위해 할 수 있는 것은 무엇일까?"라는 질문을 하게 된다. 이때 답변이 될 수 있는 방법에는 여러 가지가 있다. 아이의 내면에서 일어나고 있는 일을 직접 물어보는 것도 한 방법이다.

앞의 예로 돌아가 상대에게 내 마음속에서 일어나는 일들을 정직하게 표현하기로 결정했다고 가정해 보자. 나는 아이에게 나를 이해하고 내게 다가올 수 있는 기회를 줌으로써 아이에게 선물을 주는 셈이다. 이때 나는 내 욕구와 느낌에 대해 이야기하며, 그 욕구와 느낌을 자극한 것이 무엇이었는지도 설명해 준 뒤, 끝으로 구체적으로 내 삶을 아름답게 만들기 위해 상대가 해줄 수 있는 일을 부탁의 형태로 알려 준다. 물론 상대방은 부탁을 받아들일지 거절할지에 대해서 자율적으로 결정할 수 있어야 한다.

이해받을 가능성을 높이기 위해서 다시 네 단계를 활용해 보자.

관찰
나는 '순수하게' 관찰한 것을
평가하거나 해석하지 않고 묘사한다.
내가 들은 것은 무엇인가?
내가 본 것은 무엇인가?

"네가 '나는 이 점퍼를
입고 싶지 않다'고
말하는 것을 들었을 때~"

느낌
평가가 아닌 느낌을 말한다.

"나는 걱정이 된다."

부탁
내 의도가 잘 전달되었는지
확인하기 위해
다시 말해 달라고 부탁한다.

"방금 들은 이야기를 다시
말해 줄 수 있겠니?"

욕구
특정 인물이나 사건과 연관되
지 않은 내 욕구를 설명한다.

"왜냐하면 나는 우리 모두 건
강하기를 바란다."

어쩌면 다시 말해 달라고 부탁을 하면 "엄마는 결국 내게 점퍼를
입히려는 거지?"라는 식의 반응이 나올 수도 있다. 이때 "그렇게
너의 생각을 알려 줘서 고마워. 이제 네가 엄마 말을 어떻게 받아
들였는지 알겠구나"라고 답변을 하면 도움이 된다. 엄마는 아이가
자신의 욕구를 충족해 준 것에 대해 고마움을 전하는 것이다. 즉,
아이가 엄마의 말을 어떻게 받아들였는지를 알려 주는 것이다. 이

제 엄마는 스스로 자신이 강요를 하고 있었던 것은 아닌지 점검해 볼 기회가 생겼다. 이 예에서 엄마는 아이의 건강을 걱정하는 마음이 아이에게 전달되기를 바라는 욕구를 갖고 있다. 사실 점퍼가 문제가 아니다. 점퍼를 입는 것은 여러 가지 방법 중 한 가지일 뿐이다(예를 들어 아이에게 점퍼 대신 두꺼운 스웨터를 두 겹 입히거나, 아이를 유치원 문 앞까지 자동차로 데려다 주는 방법도 있다).

엄마의 의도를 제대로 전달하기 위해 이번에는 네 단계를 적용해 보자. "엄마가 이야기하려던 건 사실 그게 아니야. 다시 말할 테니 잘 들어 봐. 오늘은 날씨가 무지 추운 것 같아. 엄마는 네가 항상 건강해서 늘 씩씩하게 뛰어놀 수 있기를 바라는데 그러기 위해서는 따뜻한 옷을 입어야 한다고 생각해."

비폭력 대화로 이야기하면 훨씬 더 많은 시간이 걸리나?

"매번 아이를 데리고 당연한 일들에 대해 토론을 하는 건 시간을 너무 많이 뺏기는 일이에요. 전 그렇게 한가하지 못해요." 비폭력 대화를 처음 만나는 부모들이 자주 보이는 반응이다. 우리가 원하는 것을 당연한 것으로 생각하는 한 그렇다. 물론 다음과 같은 경우에는 우리가 원하는 것이 다른 사람에게도 당연하게 받아들여진다. "소금 통이 네 옆에 있는데, 내 손이 거기까지 닿지 않아 소금을 쓸 수 없구나. 난 네 도움이 필요한데 혹시 소금 통 좀 건네줄 수 있겠니?"보다는 "소금 통 좀 줘!"가 훨씬 빠르다.

그러나 많은 경우 내가 당연하다고 여기는 것이 당연하게 받아들여지지 않고,

이런 상황을 조정하기 위해 가족 간에 많은 시간을 허비한다. 옷 입기, 텔레비전 보는 시간, 군것질, 청소 따위가 그렇다. 날마다 똑같은 일을 놓고 씨름을 하는 게 우리의 현실이다. "항상 이렇게 난리를 치게 되는구나. 매번 우리 둘 다 만족할 때까지 이렇게 많은 시간을 버려야 하는구나. 이젠 대충 어떤 일들이 일어날지 짐작할 수 있을 정도가 되었어. 그래서 말다툼을 하기도 전에 벌써 화가 머리 끝까지 나."

우리는 경험을 통해 중요한 문제에 대해서 시간을 갖고 충분히 토론을 하는 것이 유익하다는 사실을 알고 있다. 토론의 목표는 관계를 강화하는 것, 다른 사람을 더 편안하게 대할 수 있게 되는 것, 재미, 상호 지원, 공동의 배움과 성장, 상호 가치 존중에 기여하는 것 등이다. 토론을 통해 감시, 강요, 말다툼을 위해 그동안 쏟았던 에너지와 시간을 절약할 수 있다.

공감은 그 순간 상대방을 움직이는 그 무엇과 소통하는 것을 말한다. 공감의 목표는 상대의 느낌과 욕구를 이해하는 것이다. 그러기 위해 우리는 설사 상대가 욕구를 충족하는 방식에 동의하지 않는다 해도, 내가 그를 향해 마음을 열었고 그를 이해하고 있다는 사실을 알려 주어야 한다. 이럴 때 상대는 받아들여진 느낌, 편안함 등을 갖게 된다. 내 관심은 온전히 상대를 향해 있어야 한다. 그리고 내 자신은 완전히 뒤로 물러나 있어야 한다.

상대의 이야기를 들어주기 위해서는, 우선 내가 말을 하지 않고 오로지 상대가 말할 수 있게 해야 한다. 상대가 이야기를 진행하지 못하면 상대가 말한 내용을 내가 다시 말해 주면 도움이 된다. 상대방과 진정으로 연결하기 위해 또 그에게 가까이 다가서기 위해서는 그의 욕구와 느낌을 아는 것이 중요하다. 상대의 욕구와 느낌은 내 짐작을 표현하거나("너 혹시 ~때문에 ~하니?"), 직접 물어보면 알 수 있다.

축하와 애도

축하는 일상에서 아주 중요한 역할을 한다. 우리는 아이들과 함께 우리의 삶을 풍요롭게 만드는 일들, 우리를 즐겁게 하는 일들, 우리가 성취한 것들, 함께 경험한 것들을 축하하곤 한다. 또한 우리의 욕구가 충족된 것을 축하한다.

"오늘 오후에 함께 쿠키를 구운 것이 너무나 즐거웠기 때문에 그걸 축하하려고 해!"

"오늘 드디어 함께 네 방을 정리한 것을 축하해. 왜냐하면 그 덕분에 네가 놀 공간이 생겼고, 물건을 쉽게 찾을 수 있게 되었고, 엄마가 원하던 질서도 생겼기 때문이야."

축하는 우리에게 힘과 에너지를 선물한다. 마셜 로젠버그는 축하에 대해 이렇게 설명한다. "우리 앞에 놓인 커다란 사회적 변화, 즉 우리가 고대해 온 변화의 주인공이 되기 위해 필요한 모든 희망과 힘을 준다고 확언할 수 있는 방법이 있다. 배움을 축하하자. 평상시에도 늘 축하하며, 축하의 에너지로 행동하자. 이것이 가장 먼저 해야 할 일이다. 그렇게 하지 않을 경우, 우리는 우리 앞에 놓인 문제의 크기에 압도되고 말 것이다. 내가 경험을 통해 확인한 바에 따르면, 축하의 정신으로부터 우리는 사회를 변화시키기 위해 필요한 에너지를 공급받는다."[5]

"하루를 돌아보며 그날이 얼마나 행복한 하루였는지 말하는 것(별것 아닌 일 같지만), 이것이 바로 축하다."

– 엘리아, 여섯 살 때

아무리 아름다운 순간일지라도 충족되지 못하는 욕구가 있을 수 있다. 이러한 욕구도 다음과 같이 표현할 수 있다.

"오늘 하루 종일 비가 와서 수영하러 가지 못한 것이 너무나 아쉽다. 난 우리 모두가 즐거워하는 일을 하는 것을 좋아하기 때문에 정말 아쉬운 마음이 든다."

"나는 원래 내가 좋아하는 사람에게 다정하게 대하고 싶어하는 사람인데, 오늘 너에게 소리를 질러서 마음에 걸린다."

"애도란 다른 사람과 공유할 수 없었기 때문에 오늘 하루가 만족스럽지 못했다는 것이다. 이렇게 말하고 나면 기분이 한결 좋아진다."

– 마리, 아홉 살 때

축하와 애도는 종이 한 장 차이이다. 동전의 양면과 같다. 다음의 예를 통해 확인해 보자.

"나는 오늘 하루 종일 책 쓰는 일에 몰두해 목표한 대로 많은 양의 원고를 써서 마음에 안도감이 생긴 것을 스스로 축하한다. 동시에 오늘 날씨가 너무나 화창했는데도 실내에서 식사를 한 것을 애도한다. 자유와 생동감이 그립다."

"나는 우리가 오늘 다툰 것과 다투고 나서 서로를 바라보지 않은 것을 애도한다. 왜냐하면 나는 유대감과 이해를 중요하게 생각하기 때문이다. 그리고 지금 이렇게 함께 앉아서 이야기하는 것을 축하한다. 왜냐하면 이렇게 함께 있어서 유대감과 이해에 대한 욕구가 충족되었기 때문이다."

아이(또는 배우자)에게 나만의 세상에 속한 무엇인가를 보여주는 것이 축하와 애도의 동기가 된다. 칭찬이나 비판이 목적이 아니다. 나는 아이에게 무엇이 '옳고 그른지'를 알려 주려고 축하나 애도를 하지 않는다. 나는 내 느낌과 욕구에 대해 이야기를 한다. 아이들에게는 축하와 애도가 자신의 행위나 특정 상황이 상대에게 어떻게 작용하는지, 그로 인해 어떤 느낌이 생기는지를 배울 수 있는 중요한 기회가 된다. 아이가 내 삶을 얼마나 풍성하게 만들어 주었는지를 알려 주면서, 그러한 축하의 동기가 된 행동을 다시 할 것인지 아이 스스로 결정할 수 있게 해주어야 한다.

축하와 애도는 날마다 저녁 식사 시간이나 잠자리에 들기 전에 되풀이할 수도 있다. 하루를 돌아보며, 중요한 문제를 열린 마음으로 풀어 나가면서 이해하는 시간이 될 것이다. 부모는 어른에게는 아주 사소한 일이 아이들에게는 엄청나게 큰 사건이며, 잠들기 전에 꼭 해결해야만 하는 일이 될 수 있다는 것을 배우게 된다.

날마다 잠들기 전에 기도를 하면서 하루를 돌아보며 축하나 애도를 했던 내 어린 시절이 생각난다. 좀더 자라서는 일기를 쓰면서 하루를 반성했고, 지금은 아이들이 잠자리에 들고 난 뒤 저녁마다 아내 군디와 함께 축하와 애도의 시간을 갖는다. 마셜 로젠버그는 '축하와 애도의 책'을 만들어 하루 동안 축하하고 애도한 일들을 기록할 것을 권했다.

3장

아이와 함께하는 비폭력 대화

부모교실에서 비폭력 대화에 바탕한 자녀와의 관계는 어떠해야 하는가에 대해 이야기를 하면 매번 비슷한 질문이 나온다. 다음에서는 이러한 질문들에 대한 답을 제시하고자 한다.

몇 살부터 비폭력 대화가 가능할까요

첫 질문부터 실망스럽다. 답변은 "영원히 불가능하다"이다. 적어도 비폭력 대화가 효과를 발휘하는 시점에 대한 질문에는 그러하다. "아이와 비폭력 대화를 하면 몇 살 정도부터 내가 원하는 반응을 보일까?" 비폭력 대화는 길들이기 위한 도구가 아니기 때문에 아이들을 '작동시키기' 원한다면 적합하지 않은 방법이다.

이 질문을 다음과 같이 바꾸면 오히려 만족스러운 답을 찾을 수 있다. "아이들은 몇 살 정도부터 자신의 느낌과 욕구를 표현하고, 다른 사람의 느낌과 욕구를 이해하기 시작하는가?" 이 질문에 대한 답변은 "태어날 때부터"이다.

갓난아기들은 미소를 짓고, 울고, 웃으면서 자신의 느낌과 욕구를 표현한다. 부모는 아기의 울음소리를 듣고 아기가 배가 고파 우는지, 추워서 우는지, 사람들 속에 있고 싶어하거나 유대감을 느끼고 싶어서 그러는지, 기저귀를 갈 시간을 알려 주는 것인지 따위를 구분한다. 아기가 자라면서 욕구는 세분화되며, 아기는 자신의 욕구를 정확하게 표현하면 할수록 욕구가 충족될 확률이 높아진다는 사실을 배운다. 어쩌면 인간이 언어를 배우는 이유도 이 때문일지 모른다. 언어는 이해받기라는 목표를 달성하기 위해 쓸 수 있는 아주 효과적인 도구이다.

아이는 자신의 내면에 무엇이 살아 있는지 깨닫고 그것을 다른 사람들이 어떻게 표현하는지를 배운다. '아, 내가 울면 엄마가 슬퍼하고 내가 웃으면 기뻐하는구나. 내가 하품하고 눈을 비비며 머리를 긁으면 졸립다라고 표현하시네. 그럼 나도 이런 현상을 이렇게 불러야겠다.' 아이들은 어른들을 보고 배운다. 다시 말해, 느낌과 욕구를 나타내는 표현을 일상적으로 사용하는 환경에서 자라면 아이는 자신을 표현하는 것을 쉽게 배운다.

우리는 "기분이 어떠니?"라는 질문에 어떻게 대답하는가? 혹시 대부분의 어른들이 그러하듯 "좋아" "괜찮아" "나쁘지 않아" "글쎄, 그리 좋진 않아"라고 하거나, 때로는 용기를 내어 "기분 나빠"와 같이 느낌을 간접적으로 표현하지는 않는가? 이 세상을 함께 살아가는 사람들의 복잡하고 다양한 내면을 이해하거나, 다른 사람에게 이해받기 위해서는 좀더 자세하고 직접적으로 느낌을 나타내는 말들을 사용해야 한다.

하지만 비폭력 대화가 항상 언어 차원에서만 일어나는 것은 아니다. 네 단계는 비폭력 대화를 이해하기 위한 보조 수단이지 본질은 아니다. 비폭력 대화는 내면의 태도, 다른 사람이 중요하게 여기는 것과 나 사이의 긴밀한 연결을 통해 드러난다. 이같은 방식으로 아이와 연결되면 주어진 모든 통로를 통해 명확한 소통을 할 수 있다. 그리고 내가 한 말을 아이가 아직 다 알아듣지 못한다 할지라도 아이는 나를 이해할 수 있다. 이는 마치 엄마가 아기가 어떤 느낌을 갖고 있는지, 무엇이 필요한지 말을 하지 않아도 알 수 있는 것과 같다. 아기는 웃거나 울뿐이다. 따라서 비폭력 대화가 몇 살부터 가능하냐는 질문에 대한 답은 "모든 나이에서 가능하다"이다.

우리는 비폭력 대화가 아이들이 처음부터, 직관으로 이해할 수 있는 자연스러운 언어라고 본다. 아주 어릴 때부터 비폭력 대화를 경험하면, 일상에서 기린의 귀를 세우기 위해 필요한 충분한 힘과 자질을 갖추게 될 것이다.

욕구가 충족된 느낌을 묘사하는 말

감격하다	득의양양하다	열렬하다	쾌활하다
감동하다	들뜨다	열정이 넘치다	편안하다
감사하다	따뜻하다	열정적이다	평온하다
감탄하다	마음에 흡족하다	열중하다	평화롭다
고맙다	마음이 넓다	영감을 받다	행복하다
고무되다	마음이 놓이다	영광스럽다	호기심 나다
관심을 가지다	마음이 열리다	용기를 얻다	호기심이 강해지다
궁금하다	만족스럽다	유쾌하다	환희
근심 없다	매우 기뻐하다	의기양양하다	활기에 차다
기대하다	멋지다	자신만만하다	활기 있다
기분이 들뜨다	명랑하다	자신에 차다	활발하다
기뻐 날뛰다	반갑다	자유롭다	황홀하다
기뻐하다	사랑스럽다	정신이 바짝 들다	훌륭하다
기쁘다	상냥하다	좋아하다	흡족하다
기쁨에 넘치다	상쾌하다	즐겁다	흥미를 가지다
긴장을 풀다	생기가 나다	짜릿하다	흥분되다
깊은 애정	숨 가쁘다	차분하다	흥분하다
낙관하다	신뢰하다	찬란하다	희망에 차다
낙천적이다	안도하다	충족되다	희열에 넘치다
놀라다	안정되다	친근하다	
더없이 행복하다	열광적이다	침착하다	

욕구가 충족되지 못한 느낌을 묘사하는 말

가책을 느끼다	긴장되다	무감각하다	성나다
갑갑하다	긴장하다	미지근하다	슬프다
걱정되다	깜짝 놀라다	무관심하다	슬픔에 잠기다
겁나다	나태하다	무기력하다	시무룩하다
겁에 질리다	낙담하다	무디다	시샘하다
격노하다	낙심하다	무서워하다	시시하다
격분하다	냉담하다	민감하다	신경과민
격앙되다	냉정하다	민망하다	신경 쓰이다
격정에 압도되다	노하다	부끄러워하다	실망하다
경계하다	녹초가 되다	분개하다	심란하다
고독하다	놀라다	불만족스럽다	심술 나다
고민스럽다	답답하다	불안스럽다	안달하다
고통스럽다	당황하다	불안정하다	안절부절못하다
곤란하다	두렵다	불안하다	애도하다
골치 아프다	뒤숭숭하다	불편하다	어쩔 줄 모르다
관심이 없다	마음 내키지 않다	불행하다	억울하다
괴로워하다	마음 상하다	비관적이다	언짢다
기가 죽다	마음에 상처 입다	비참하다	열망하다
기분이 언짢다	마음이 안 놓이다	상심하다	외롭다
기운 없다	맥 풀리다	섭섭하다	용기를 잃다
기운을 잃다	못마땅하다	성가시다	우려하다

우울하다	절망하다	지치다	풀이 죽다
울적하다	정떨어지다	질리다	피곤하다
원한을 품다	조바심 내다	짜증나다	피로하다
음울하다	졸리다	초연하다	혼란스럽다
의기소침하다	좌절하다	초조하다	화나다
의심하다	주저하다	충격을 받다	회의적이다
적대감	지겹다	침울하다	흥분하다
전전긍긍하다	지루하다	탐내다	힘겹다

몇 살부터 정직하게 표현할 수 있나요

내가 얼마 전에 직접 경험한 일이다. 우리 가족은 몇몇 친구들을 초대해 저녁 식사를 하고 있었다. 엘리아와 마리는 어른들의 대화에 끼어들면서 자기가 하고 싶은 말을 하고, 음식을 흘리고, 손가락으로 음식을 들었다 놨다 하더니 더러운 손을 옷에 닦았다. 나는 화가 나기 시작했지만, 계속 표정 관리를 하면서 친구들과 대화를 이어나갔다. 그런데 포크가 바닥에 떨어지는 것을 보자 더 이상 참을 수가 없었다. 인내의 한계를 넘는 순간이었다. 나는 화가 머리 끝까지 나서 아이들을 향해 소리를 질렀다. 엘리아는 울기 시작했고, 마리는 불난 집에 부채질을 했다. "거 봐! 네가 포크를 떨어뜨려서 아빠가 화났잖아." 참고 또 참은 결과, 내가 원한 것을 얻었는가? 전혀 아니다.

이런 상황에서 정직이란 내가 아이들에게 다른 사람들 역시 느낌과 욕구를 갖고 있다는 사실을 알려 줄 수 있는 태도를 말한다. 정직하게 행동하는 것은 최대한 진실되게 행동하는 것 즉, 그 순간의 느낌과 일치하게 행동하는 것을 의미한다. 따라서 점점 화가 나는데도 미소를 지은 것은 정직하지 못한 행동이었다. 참다가 마지막 순간에 폭발해 위압적으로 등장한 것도 정직과 거리가 멀다. 이렇게 감정이 폭발하는 상황에서는 문제를 잘 해결할 마음이 생기기 어렵고, 내가 목표한 것과 다른 말을 많이 하게 된다. 내가 화를 내는 순간에 아이들이 조용해졌다 하더라도, 아이들이 깨달은 것이라고는 포크를 바닥에 떨어뜨리면 아빠가 화를 낸다는 것뿐이다. 아이들은 내가 화를 내는 이유를 전혀 이해하지 못하며, 죄책감을 갖게 되고, 다음번에는 어떻게 해야 할지 모르게 된다. 따라서 바람직한 대응책은 다음과 같다. "우리가 대화를 나누는 데 너희가 그렇게 큰소리로 이야기하면 신경이 쓰여. 왜냐하면 페터 아저씨가 하는 이야기가 너무 재미 있어서 잘 듣고 싶은데 너희 소리 때문에 잘 알아들을 수가 없거든. 조금 작은 소리로 이야기하거나 조금 기다렸다가 이야기하면 어떨까?"

또 다른 방법은 아이들과 공감하면서 아이들의 느낌과 욕구를 이해해 보려고 노력하는 것이다. 물론 이 방법을 사용할 마음은 그렇게 쉽게 생기지 않는다. 왜냐하면 아이들의 느낌과 욕구를 이해하기에 앞서 내 욕구가 있기 때문이다. 따라서 먼저 내 자신이 필요로 하는 것이 무엇인지 내 자신과 공감하면서 파악한 뒤, 아이들을 이해하는 것이 훨씬 효과적이다. 이렇게 하면 훨씬 더 쉽고 빠르게 문제가 해결된다. 나는 이럴 경우 '크게 호흡 세 번 하기'를 하는 버릇이 있다. 욕구는 대개 늘 이해받기를 원하기 때문에 내 자신의 욕구 역시 잘 들어줘야 한다. 그렇게 한 다음이라면 아이들의 욕구를 들어줄 힘과 여유도 생긴다.

아이가 유치원에 다닐 수 있는 나이가 되면 '나는 여기에 있고, 저 밖에 나 말고 다른 사람들도 있다'는 사실을 깨닫는 발달 과정을 겪는다. 아이는 자아상을 갖게 되며, 자신과 다른 사람들의 한계를 알게 된다. 다시 말해, 이 세상에서 자신의 자리를 찾는 것이다. 비로소 자신의 환경을 적극적으로 만들어 나갈 수 있는 능력을 갖추게 되고, 사회 공동체를 경험하며, 사람들이 서로에게 어떻게 영향을 미치는지를 배운다.

이러한 발달을 위해서는 아이를 지원하고 아이에게 피드백(feedack)을 주는 것이 매우 중요하다. 우리는 아이에게 어떤 방법이 도움이 되는지 또는 피해가 되는지를 보여줄 수 있다. 그리고 우리는 어른으로써 아이를 위해 장애물을 없애 주고 안전망을 설치해 줄 수 있다. 또한 아이가 가야 할 길을 앞서 가보거나, 아이와 함께 가거나, 아이 뒤를 따라가며 지켜볼 수 있다. 그러나 그 길은 결국 아이 스스로 한 걸음씩 가야 한다. 이때 아이에게 필요한 것은 자신의 행동이 다른 사람에게 어떻게 받아들여지는지, 어떤 효과를 만드는지에 대한 정보이다. 따라서 우리는 아이에게 아이의 행동이 어떤 느낌과 욕구를 일으키는지를 정직하게 이야기해 주어야 한다.

내가 하는 말을 잘 알아들을까요

이해받기 위해서는 말이 편리하지만 필수적이지는 않다. 미소, 안기기, 뽀뽀하기, 쓰다듬기, 놀기 따위는 말의 도움 없이도 이해할 수 있는 것들이다. 공감 역시 말을 하지 않아도 가능한데, 그러기 위해서는 상황에 온전히 집중할 수 있어야 한다. 이때 비폭력 대화의 네 단계는 유일하지는 않지만 유용한 도구이다.

느낌과 욕구를 표현한 말을 이해할 수 있는 능력은 언어 능력이 자라면서 함께 자란다. "내게는 통합이 중요하기 때문에 난 지금 좌절했다"는 문장을 세 살짜리 아이가 이해하기는 어려울 것이다 (대부분의 어른도 이해하기 어려울 것이다). 따라서 아이들과 이야기할 때 아이들이 이해할 수 있는 익숙한 단어를 사용하는 것이 도움이 된다(어른들의 경우도 마찬가지이다). 예컨대 앞에 제시한 문장을 이렇게 바꿔 볼 수 있다. "지금 하고 있는 건 내가 원래 기대한 것과 다르기 때문에 더 이상 하지 않겠어."

아이가 나를 잘 이해할 수 있도록 어떤 표현을 사용하면 좋을까?

내가 하는 말과 그 말이 담고 있는 내용이 일치하는 표현을 아이에게 익숙한 단어를 써서 하는 것이 좋다. 다음은 아이들의 말로 욕구를 설명한 예들이다.

자율성

- 네가 무엇을 좋아하는지 스스로 말하고 싶니?
- 지금 무엇을 할지 스스로 결정하고 싶니?
- 다른 사람들도 이 말을 듣기를 바라니?
- 네가 크고 힘이 세다는 사실과 스스로 결정할 수 있다는 사실을 인정받고 싶니?
- 다른 사람들이 네 의견을 물어봐 주길 바라니?
- 지금 이 일이 너에게 얼마나 중요한지 모두가 알아주길 바라니?
- 너도 중요한 사람이라는 확신을 갖길 원하니?

이해

- 네 마음속에서 일어나는 일들/너에게 지금 무엇이 중요한지를 이해받고 싶니?
- 네가 좋은 뜻에서 그렇게 말했다는 것/도와주려고 했다는 것/지금 아주 중요한 일을 하고 있다는 것을 이해받고 싶니?
- 네 이야기를 들어줄 사람이 필요하니?

안전/안도/신뢰

- 모두가 너를 좋게 생각한다는 것을 확인하길 바라니?
- 때로는 너에게 야단을 치더라도/네가 일을 망치더라도/다른 사람이 별로 원하지 않는 어떤 행동이나 말을 하더라도 사람들이 너를 좋아해 주길 바라니?

소속감

- ~에 소속되는 것/~와 함께 노는 것/~와 같이 있는 것/~에게 중요한 사람이 되는 것을 바라니?

고요함/편안함

- 푹 쉴 수 있는 휴식이 필요하니?
- 다른 사람에게 무엇을 해야 하는지 물어보거나 상대가 지금 무엇을 원하는지를 고려하지 않고 혼자 있고 싶니/놀고 싶니?

도움/지원

- 그 일을 꼭 해낼 수 있게 도움을 받고 싶니?

- 누군가가 손을 잡아 주고 널 지원해 주길 바라니?

위로/유대감

- 너를 안아 주고, 붙잡아 주고, 네 이야기를 들어주어 모든 것이 다 잘되게 해줄 사람이 필요하니?

놀이/재미/축하

- 신나게 놀고 즐거운 시간을 보내고 싶니?

공평

- 모두가 공평한 대우를 받는 것이 중요하니?

강함

- 강한 것/용감한 것/네가 중요하고 네 의견이 존중받는 느낌을 갖는 것이 중요하니?

언어로 표현하지 않고도 아이들에게 표정, 몸짓, 목소리의 높이와 크기 등으로 이야기를 전달할 수 있다. 언어를 사용하지 않는 소통은 언어를 사용하는 소통보다 더 큰 부분을 차지한다. 따라서 비언어적 표현들은 대화를 하는 사람들 사이의 이해를 증진하거나 방해하는 가장 중요한 요소가 되기도 한다. 내 아이가 나를 이해하기를 바란다면, 먼저 무엇이 문제이고 내가 무엇을 느끼고 있는지를 파악한 뒤 그것을 아이에게 모든 소통 방법을 써서 알려야 한다. 이때 표현은 명확해야 한다. 즉, 언어 표현과 비언어적 표현이 서로 일치해야 하는 것이다.

이때 아이에게 욕구와 연결된 느낌을 알려 주는 것이 중요하다. 우리의 생각이나 평가와 연결된 느낌을 알려 주는 것은 별 의미가 없다. 다른 사람에게 화를 내고 있거나 다른 사람으로 인해 수치심, 죄책감, 우울함 등을 느끼고 있다면, 또는 다른 사람에게 복수하고자 하는 마음, 고통을 주고 벌을 내리고자 하는 마음을 버리지 못하고 있다면, 몇 차례 더 자기 공감을 하는 것이 유익하다. 그래야 내 자신 그리고 나와 아이 사이의 관계를 보호할 수 있다.

비폭력 대화의 목적은 아이들에게 비폭력 대화의 단계와 과정을 주입하는 것이 아니다. 아이들은 본래 기린 언어에 가까운 언어를 사용하기 때문에 우리의 과제는 그들에게 기린 언어를 가르치는 것이 아니라, 다만 자칼 언어를 배우지 못하게 하는 것이다. 즉 부모나 교사가 기린 언어를 배우고 난 뒤, 아이와 갈등이 생겼을 때, 아이에게 무엇을 부탁하거나 용기를 줄 때, 언제든 기린 언어를 적용하면 된다. 이러한 태도에는 "나는 느낌과 욕구가 있는 사람이고 너도 마찬가지이다. 나도 중요하고 너도 중요하다! 그러니 우리가 원하는 것을 동시에 얻을 수 있는 방법을 함께 찾아보자"라는 기본 정신이 깔려 있다.

일상에서 적용할 만한 몇 가지를 소개한다.

관찰

갈등 상황에 놓인 아이들에게, 상황을 파악하기 위해 "무슨 일이니?" 또는 "누가 그랬니?"라고 질문하기보다, "무엇을 보았니?" 또는 "무엇을 들었니?"라고 물어보자. 그러면 아이들은 상대에게 잘못을 떠넘기지 않고 자신이 인식한 사실을 그대로 이야기할 확률이 높다. 오해 때문에 생긴 갈등이었다면 이 단계에서 오해가 풀리면서 해결될 수도 있다.

● 잘못 떠넘기기를 불러일으키는 질문

교사 : 도대체 또 무슨 일이니?

아이 : 페터는 진짜 나빠요. 페터가 먼저 시작했어요.

84

● 관찰한 것을 말하게 유도하는 질문

교사 : 네가 본 것을 이야기해 주겠니?

아이 : 페터가 제가 갖고 있던 공을 빼앗아 갔어요.

느낌

우리가 다른 사람의 느낌에 책임이 있다는 생각은 우리 사회에 깊이 뿌리내리고 있다. "나는 네가 그러한 행동을 했기 때문에 슬퍼!"와 같은 표현은 정말로 다른 사람이 내 느낌에 책임이 있는 듯한 착각을 불러일으킨다. 어린아이들조차도 이러한 생각에 사로잡혀 있으며, 책임과 잘못이라는 개념에 익숙해 있다.

우리의 느낌에 대해 우리 자신이 책임을 지고 다른 사람에게 그 탓을 돌리지 않기 위해서는 '왜냐하면' 뒤에 욕구를 붙이면 된다. "아빠는 실망했어. 왜냐하면 네가 약속을 지키지 않기 때문이야"라는 말(침묵, 한숨, 머리 긁기, 바닥 응시하기, 극적인 결말로 이어지는 말) 대신, "약속을 지키지 않았구나. 아빠는 네가 약속을 지키기를 원했기 때문에 실망했어"가 훨씬 효과적이다. 그리고 "약속을 왜 못 지켰는지 설명해 줄 수 있니?"라는 부탁을 덧붙인다.

욕구

어린 아이들은 아직 예의, 명예, 수치심 같은 것 때문에 욕구를 숨기거나 부인하지 않는다. 그래서 욕구를 쉽게 충족한다. 다시 말해, 어린아이들은 "너 뭐가 필요하니?"라는 질문에 쉽게 대답한다.

아이들은 상대방이 자신의 대답을 듣고 어떤 생각이나 느낌을 가질까를 고민하면서, 상대방의 기분을 맞추기 위한 대답을 찾으려 애쓰지 않는다. 아이들에게 유일하게 문제가 되는 것은 아직 언어 능력이 충분히 발달하지 못해서, 어른들에게 자신이 말하고 싶은 것을 정확하게 전달하지 못하는 경우 뿐이다. 때문에 아이들이 다양한 표현을 할 수 있도록 하거나, 아이들의 말을 어른들의 말로 바꾸면 도움이 된다. 이를 통해 우리는 아이들이 어른들의 세계에서 더 편안하게 행동하는 법을 배워 나가는 과정을 도울 수 있다. 즉, 아이들이 어른들로부터 이해받을 확률을 높여 주는 것이다.

교사가 부탁을 했지만, 끝내 점퍼 입기를 거부한 아이의 예를 살펴보자.

교사 : 점퍼를 안 입겠다는 것은 무엇이 필요하다는 말이니?

아이 : 전 다른 사람이 시키는 건 하기 싫어요!

교사 : 그럼 네 의견을 사람들이 물어봐 주고 무엇이든 스스로 결정하고 싶은 거니?

아이 : 네!

교사 : 그래. 사람들이 네 의견을 물어봐 주는 것이 너에게 중요하다는 것을 이해해. 그런 것을 존중이라고 표현한단다. 그리고 스스로 결정하는 것은 자기 결정권이라고 해.[6]

부탁

우리가 당장 필요한 것을 그 순간에 얻을 확률을 높이기 위해서는 아래 두 가지를 유념하면서 아이들을 돕는 것이 필요하다.

● 아이들이 자신이 원하는 것 또는 원하지 않는 것을 말하는가?

아이 : 친구가 내 모래성을 망가뜨리는 게 싫어요.

교사 : 그래, 저 친구가 모래성을 망가뜨리는 게 싫구나. 그럼 저 친구가 어떻게 해주었으면 좋겠니?

아이 : 날 귀찮게 하지 않았으면 좋겠어요.

● 아이가 하는 부탁이 상대에게 잘 전달될 만큼 구체적인가?

아이 : 날 귀찮게 하지 않았으면 좋겠어요.

교사 : 그럼 널 귀찮게 하지 않는 것은 어떻게 하는 거니?

아이 : 친구에게 저쪽에서 모래성을 만들면 어떻겠냐고 물어보는 거예요.

아이가 부탁을 거절하더라도 내 욕구를 충족할 다른 방법을 찾을 수 있게 되었다면, 그 부탁은 성공했다고 할 수 있다. 따라서 부탁을 할 때에는, 아이가 그 부탁으로 인해 자신의 욕구가 제한된다고 느끼면, 언제든 정직하게 "아니오"라고 거절할 수 있게 해주어야 한다. 그렇게 해야 아이가 내 부탁을 거절한 뒤에라도 함께 다른 방법을 찾아볼 수 있다. 예를 들어 "엄마, 난 그렇게 말고 이렇게 하고 싶어요." "나는 하기 싫지만 아빠에게 물어보면 어떨까요?"

"지금은 하기 싫지만, 밥 먹고 나서 하면 안 될까요?" 등이 있다.

아이들이 부모가 부탁했을 때 "아니오"라고 대답하면, 부탁을 그대로 다시 말해 달라고 해보자. "방금 엄마가 한 말이 어떤 말이었는지 다시 말해 줄 수 있겠니?" 왜냐하면 아이들이 말하는 "아니오"는 대부분 부탁에 대한 거절이 아니라, "나는 방금 엄마가 한 말을 못 알아들었어요"의 표현이기 때문이다. 이때 "엄마 말 알아들었니?"라는 표현보다는 "방금 엄마가 한 말이 어떤 말이었는지 다시 말해 줄 수 있겠니?"라는 질문이 효과적이다.

항상 비폭력적이어야 하나요

지구에 사는 모든 사람들이 항상 자신이나 다른 사람의 느낌과 욕구를 이해하고 있다면 가장 이상적이겠지만 현실은 그렇지 않다. 나도 가정에서 늘 그럴 수 있기를 바라지만, 유감스럽게도 그렇지 못하다. 특히 '반드시 기린 언어를 사용해야 한다'는 강박관념이 생기면 더욱 그렇다.

오히려 마음을 열 준비가 되었는지, 다른 사람에게 다가갈 마음이 있는지, 다른 사람과 연결하기를 원하는지를 내 자신에게 물어볼 때 목표에 가까워진다. 이 질문에 대한 답변이 "예"라면, 이를 이루기 위한 적절한 단어들이 떠오르지 않는다 할지라도 비폭력대화가 아주 효과적이다. 마셜 로젠버그는 "행위할 가치가 있는 모든 것은 불완전하게 행위할 가치도 있다"라고 말한다. 우리는 비록 불안하지만, 몇 발자국이라도 나아가는 것을 방해해 온 완벽주의에서 벗어나야 한다.

위 질문에 "아니오"라고 답할 경우 즉, 다른 사람과 연결되기 위해 나를 개방하고 싶지 않을 때에는 그렇게 하지 않아도 그만이다. 만약 자신을 속이고 억지로 그렇게 하면, 의도가 드러나 신뢰를 잃게 된다. 자기 스스로에게 왜 '기린 언어'로 이야기하기가 싫고 도움을 받고 싶어하지 않는지를 물어보자.

비폭력적인 것과 한계를 정하는 것이 서로 어긋난다는 생각은 비폭력 대화와 거리가 먼 생각이다. 유감스럽게도 기린 언어를 하기 위해 여러 가정이 모이면, 아이들이 원하는 것은 무엇이든 다하게 해주는 상황이 자주 벌어진다. 아이들끼리 제멋대로 논다면 차라리 괜찮을 텐데, 시끄럽고 정신없는 상황에서 괴로움을 참고 있는 어른들까지 있다. 부모들이 방을 나와 버리거나 귀를 막고 서 있는 모습을 자주 본다. 아이들 앞에서 무기력하고, 아이들을 제재하면 폭력적이거나 권위주의적 또는 강압적인 부모로 평가받지 않을까 두려워하는 모습이다. 아이들 역시 한눈에 봐도 원하는 것만큼 대단히 행복하고 편안해 보이지 않는다. 무엇보다 부모와 아이들 모두 함께 무엇인가를 경험할 수 있는 기회를 놓치고 있다.

그렇다고 해서 엄격한 규칙을 적용해 질서를 잡으면 몇 사람의 욕구만 충족될 뿐이다. 일단 아이들과 몇몇 어른들이 크게 반발할 것이고, 규칙을 지키기 위해 책임자나 대표가 감수해야 할 인내심도 지나치게 커진다. 결국 목표했던 편안한 분위기에서 점점 더 멀어지게 될 뿐이다. 어른 중 한 사람이 분명 "조용히 해!"라고 소리를 질러 '승리'하던지, 아니면 포기하고 물러날 때까지 화가 끓어 올라오는 것을 참아야 할 것이다.

'절대 권위주의적인 사람이 되지 않겠다'는 목표를 위해 아이들에게 무한대의 자유를 주는 것이나, '내 욕구를 충족할 거야'라는 마음으로 상황을 완전히 통제해 버리는 것 모두 비폭력 대화에 속하지 않는다. 두 가지 다 최소한 한쪽의 욕구는 완전히 무시되어 버리며, 우리의 관계를 깊게 하는 데 전혀 도움이 되지 않는다.

구체적인 위험이 도사리고 있는 상황이 일어날 때 비폭력 대화는 일정한 한계를 정하도록 한다. 즉 보호를 위한 힘이 투입된다. 대부분의 갈등 상황에서는 어른들이 아이들에게 한계를 정해 주는 것이, 아이들이 스스로 한계를 정하고 어른과 함께 해결책을 찾아 나가는 것보다 효율적이지 못하다. 다시 말해, 방 안이 시끄럽고 무질서해서 괴롭다면 이렇게 말해 보자. "이 방 안에 있자니 귀가 아프구나. 나도 즐거운 시간을 보내고 너희들과 함께 놀고 싶으니까, 여기 같이 앉아서 어떻게 하면 다 같이 즐겁게 놀 수 있을지 이야기해 보면 어떨까?" 만약 아이들이 내 이야기를 듣지 않아 인내심이 한계에 도달했다면 '기린의 외침'을 해보자. "그만! 난 모두가 만족하는 즐거운 시간을 보냈으면 좋겠어! 우리 함께 이야기 좀 하자."

"기린 언어를 통해 우리 반이 안고 있던 문제들이 많이 해결됐어요. 예를 들어 아이들은 요구하지 않아도 스스로 서로를 돕기 시작했어요. 만약 한 아이가 상자를 들고 가다가 떨어뜨리면, 말하지 않아도 다른 아이들 둘 또는 셋이 달려가 쏟아진 물건을 담는 것을 도와준답니다. 그전에는 이렇게 스스로 남을 돕는 경우는 거의 없었어요. 아이들은 다른 아이들의 느낌에 대해 더 열린 자세를 갖게 되었고, 넘어지는 아이가 있으면 그 아이를 예전보다 더 많이 위로하는 모습을 볼 수 있어요. 공동체성이 훨씬 강화되었다고 생각해요."

– 마르티나(교사)

내 아이가 놀이와 움직임에 대한 욕구를 마음껏 충족할 수 있다면 물론 나도 행복하다. 그러나 위험한 찻길 옆에서 아이가 뛰어놀고 싶어하면, 안전에 대한 걱정이 앞서서 아이를 보호해야겠다는 생각을 한다. 아이들은 (아직) 위험을 스스로 예측하지 못하기 때문에 어른들의 도움이 필요하다. 나는 아이가 위험한 지역을 돌아다니지 않도록 아이를 보호한다. 이때 힘을 사용하기도 한다. 나는 아이를 손으로 꽉 붙잡고 "아니오"라는 대답을 할 수 없는 요구를 한다. 예를 들어 "거기 서!" "당장 서!" "이리 와!" 따위의 명령을 내린다.

여기에서 말하는 힘이란 신체적이고 물리적인 완력뿐 아니라, 아이가 갖고 있는 자율성과 자기 결정권에 대한 욕구를 의식적으로 제한해 버리는 것이다. 그 순간에는 아이의 안전에 대한 내 욕구가 우선하기 때문에 '보호하기 위한 힘(protective use of force)'[7]을 써서 아이에게 한계를 정해 주는 것이다. 대개의 경우 그 순간에는 아이가 내 의도를 이해하지 못하며, 욕구를 제한당하기 때문에 화를 내거나 실망한다. 따라서 적당한 때에 내 의도를 명확하게 설명해 줄 필요가 있다. 아이가 그 순간 잃어버린 자율성 때문에 화를 냈다고 해서 벌을 주면 안 되고, 오히려 아이를 이해하고 있다는 것을 설명해주어야 한다. 그러면서 내가 선택한 방법이 일관된 것임을 보여주어야 한다.

보호하기 위한 힘이 꼭 필요한 상황은 거의 계획하거나 예측할 수 없다. 만약 그랬다면 그런 상황 자체가 일어나지 않았을 것이다. 따라서 예측하지 못한 상황에 무엇을 어떻게 해야 할지 몰라 당황하기 마련이다. 또한 내가 취하는 태도가 내가 바라는 태도가 아니라서 불안해한다. 이렇게 당황해서 자기 규제력을 잃어버리면, 내 입에서 나오는 말은 모두 비폭력과는 거리가 멀어지게 된다. 참고로 이런 상황에서 내가 늘 적용하는 네 가지 방법을 소개한다.

● 욕구가 위협받는다는 사실을 감지하는 즉시 재빠르게 반응한다. 너무 늦게 규제력 없이 반응하는 것보다는, 최대한 일찍 반응하는 것이 내 자신의 가치에 더 어울리는 행동을 할 수 있도록 한다.

● 아내 군디와 함께 있으면 자주 아내에게 상황을 맡긴다(이는 서로 합의한 바이다). 책임을 회피하기 위해서가 아니라, 종종 내가 내 가치에 어울리는 행동을 할 수 없을 것이라는 사실을 알기 때문이다. 이럴 때면 지하실에 내려가 창고를 정리하면서 흥분을 가라앉힌다.

● 아이들과 안전을 가장 우선으로 해야 한다는 사실을 알리는

표시를 정한다. 그 표시는 (짧은) 일정 시간 동안은 '무조건 아빠의 명령을 따른다!'는 것이다.

● 흥분해서 감정적으로 대처하고 불공평한 판단을 내렸다면, 내가 상처를 준 '희생자'들과 최대한 빨리 다시 소통하기 위해 노력한다. 애도할 시간이 된 것이다.

잔소리하지 않아도 알아서 하게 할 순 없나요

많은 부모들은 아이들이 자기가 해야 할 일을 알아서 하기를 바란다. "신발 벗어라." "외투를 제대로 걸어 두어라." "수저로 먹어라." "이빨 닦아라." 부모가 하루 종일 쫓아다니며 귀가 따갑도록 잔소리를 하지 않아도 아이들이 해야 할 일을 알아서 해준다면 정말 편할 것이다. 그렇다면 얼마나 좋을까!

하지만 비폭력 대화는 이에 대해 확실한 성공이나 효과를 장담하지 않는다. 가능하지도 않을 뿐더러 그러고 싶지도 않다. 아이의 욕구를 한번에 명확히 파악하고 아이와 영원히 유효한 합의를 맺는 것이 목적이 아니기 때문이다. 우리는 지금 이 순간을 살아가고 있으며, 우리의 욕구는 이 순간의 필요성과 중요성에 따라 계속 변한다. 이것은 아이도 마찬가지이다. "엄마에게 항상 협조해 주길 바란단다. 집에 들어오면 언제나 즉시 신발을 벗어 신발장에 넣도록 하렴!" 이렇게 말하는 것은 너무 단정하는 태도이다. 상황에 따라 협조라는 단어가 안 맞는 경우도 있을 수 있으며, 아이가 신발을 신고 있는 것이 나을 경우도 있기 때문이다(예를 들어 아이가 급하게 화장실에 가야 하는 경우). 계속해서 아이를 타이르는 것에 지치기도 한다. 그 시간에 다른 일을 하고 싶기 때문이다.

우리는 사람들과 계속해서 유효한 합의를 맺고 싶어한다. 그 합의가 무효화되면 의지할 수 있는 또 다른 합의를 찾아 나선다. 하지만 하나하나의 합의보다 더 중요한 것은 합의를 맺은 바탕, 즉 그 사람과 맺고 있는 관계이다. 이는 내가 이웃의 삶에 도움이 될 준비가 어느 정도 되어 있는가하는 문제이다. 이런 측면에서 비폭력 대화는 되풀이되는 잔소리를 잠재울 수 있는 방법을 충분히 제시한다.

"어떤 부모들은 처음에 기린 언어 때문에 아이들이 규제가 안 될 것이라고 걱정했어요. 아이들이 계속해서 다른 주장을 내세우고, 모든 것에 대해 꼬치꼬치 물었거든요. 하지만 아이들은 점점 나아졌고, 나중에는 대부분의 부모들이 이렇게 말했어요. 처음에는 아이와 논쟁하는 것이 정말 스트레스였는데 효과가 있다고요. 어떤 엄마는 이렇게 말했어요. '우리는 어떠한 명령을 할 때 이것을 왜 해야 하는지를 생각하지 않고 말할 때가 많아요. 그냥 무조건 해야 하는 것이라고만 말하죠. 아이가 나에게 그 이유를 물었을 때 비로소 저도 생각을 해보았어요. 그리고 그 결과 지금 이 순간에 꼭 하지 않아도 된다는 것을 깨달았어요.'"

– 마르티나(교사)

비폭력 대화에도 규제가 있나요

우리는 욕구를 지금 당장 충족하려 하지, 먼 미래로 미루려 하지 않는다. 배가 고프면 지금 당장 혹은 가능한 빨리 밥을 먹고 싶어 하지, 다음 주에 먹고 싶어하지 않는다. 자기 의사대로 결정하고 싶어하는 아이에게 "네가 크면 네가 하고 싶은 일들을 마음껏 할 수 있단다!"라고 말하는 것은 큰 위로가 되지 않는다. '앞으로 언젠가는 좋아지겠지'라는 생각으로 만족스럽지 않은 일을 오늘 해야 하는 어른도 마찬가지일 것이다.

하지만 우리가 사전에 정확한 투자를 하지 않으면 이룰 수 없는 소원들도 있다. 발레리나처럼 춤추고 점프를 하고 싶다면 오랜 기간 훈련을 해야 한다. 피아노를 잘 치고 싶다면 꾸준히 연습을 해야 한다. 비싼 물건을 사고 싶으면 용돈을 절약해야 한다.

여기서 규제는 순종이나 체벌, 부모의 명령이나 지시를 의미하는 것이 아니라, 의식적인 자기 규제, 자기 훈련, 자신과의 연결을 뜻한다. "나는 피아노 연습을 해야 한다"와 "나는 피아노 연습을 하고 싶다. 왜냐하면~" 사이의 차이는 아주 미세하다. 때문에 자기 규제는 아슬아슬한 줄타기와도 같다.

밤 9시에 아직도 컴퓨터 게임을 하고 있을 경우, 나는 놀이와 즐거움이라는 욕구의 충족을 포기하고 컴퓨터를 끄고 자러 간다. 이렇게 나는 스스로를 규제한다. 다음날 개운하고 힘차게 하루를 시작할 수 있도록 내 몸이 필요로 하는 휴식을 취하기 위해, 즉 지금 이 순간 내 안에서 고개를 들지 않는 욕구를 충족하기 위해서이다. 경험에 따르면 이러한 욕구는 다음날 꼭 나타나게 되어 있다. 이러한 방법으로 나는 스스로에 대한 책임을 진다. 그리고 중요한 것에 집중하고 힘을 쏟을 수 있는 자유를 누린다. 나에게 중요한 것은 바로 나이다. 내 개인의 안녕에 도움이 되는 이익을 얻기 위해 나는 의식적이면서도 어쩌면 즐거운 포기를 감행한다.

비폭력 대화 지도자 클라우스 카르슈테트(Klaus Karstädt)는 우리가 스스로를 규제할 수 있음을 다음과 같은 은유를 통해 보여준다. "나는 내 자신의 마부이다. 즉, 내가 감정을 지배하는 것이지 감정이 나를 지배하는 것이 아니다!"

자기 규제는 '신체 – 정신 – 영혼'이라는 단위로 이루어진 '자신의 성전'을 보호하고 교육하고 가꾸는 것을 말한다. 여기서 중요한 것은 현재와 미래에 우리 생활을 즐길 수 있도록 신체를 가꾸며, 삶의 문제와 과제를 해결하기 위해 이성과 정신을 계발하고, 인간적으로 공존하는 삶을 살기 위해 마음과 영혼을 교육하는 것이다.

자기 규제는 "나는 ～이 중요하기 때문에 ～을 하기로 선택" 하는 것이다. 강요나 벌로(스스로를 벌하기 위해 혹은 체벌에 대한 두려움으로) 무엇을 하는 것이 아니라, 자유의 표현으로서 하는 것이다. 나에게 도움이 된다고 생각하는 것에 대해 나는 스스로 책임을 질 수 있고 또 책임을 지고 싶어한다. 이러한 과정에서 나는 내가 직접 경험한 혹은 내가 믿는 사람들이 경험해서 좋다고 생각하는 것을 주로 선택한다. 물론 이것이 최선의 선택을 의미하는 것은 아니지만,

지금 이 순간 내가 선택할 수 있는 것들 중에 최선인 것이다.

아이에게로 다시 돌아가 보면, 어른과 마찬가지로 아이들도 자신과 소통하고 스스로 책임을 지는 것이 중요하다. 하지만 아이들은 어른들에 비해 경험이 적다. 게다가 아이들은 대부분 현재만 생각하며 살기 때문에 내일에 대해 별로 생각하지 않는다. 그래서 아이들이 결정을 내리기 위해서는 아이들에게 경험을 전달해 줄 누군가의 도움이 필요하다. 이것 또한 이해하기와 이해받기의 방법을 사용하면 가장 성공할 수 있다. "너에게 필요한 것이 무엇인지 내가 더 잘 알아"가 아니라, "이것과 관련해 내가 좋은 경험을 한 적이 있기 때문에 너에게 이러한 선택을 제안하고 싶다"는 뜻을 전달하는 것이다. 부모의 이러한 말은 아이가 '자신의 성전'을 짓는 데 큰 도움이 된다.

아이의 욕구가 내 욕구보다 중요할까요

"어쨌든 우리 아이들은 잘 지내고 있어요!" 우리 부모님 세대의 이상적인 교육 방식을 생각할 때 머릿속에 떠오르는 말이다. "아이들도 중요하지만, 나도 권리가 있어!" 내 또래 부모들과 이야기를 나눌 때 조심스럽게 들리는 말이다.

나는 비폭력 대화가 두 가지 시각을 모두 지지한다고 본다. 아이들이 잘 지내고 아이들의 욕구가 충족되거나 존중될 경우, 집이나 유치원에서의 삶이 쉬워지기 때문에 어른들의 일부 욕구도 함께 충족된다. 반대의 경우도 마찬가지이다. 어른들이 자신을 위해 신경을 쓴다면, 이것 또한 가족이나 유치원에 긍정적인 영향을 미친다.

어떠한 욕구가 객관적으로 더 중요하고 우선인지는 쉽게 말할 수 없다. 나는 모든 사람들의 욕구가 중요하다고 생각하지만, 그 가운데서도 당연히 내 욕구가 가장 중요하다. 아이의 생각도 같을 것이다. 나는 욕구를 가끔은 잠시 미루어 놓을 수 있으며, 욕구를 잠재울 수 있는 많은 목록을 갖고 있다. 하지만 아이들은 미루어 놓은 욕구를 나중에 충족할 수도 있다는 것을 잘 모른다. 경험이 부족해서다. 또한 욕구를 충족할 수 있는 행동 방식을 나보다 훨씬 적게 알고 있다. 그렇기 때문에 언제나 아이에게 먼저 우선권을 주는 것이 중요하다. 하지만 이런 시간적인 우선권이 욕구의 중요도와 연관되어서는 안 된다. 내 욕구도 아이의 욕구와 마찬가지로 중요하다!

또 한 가지, 나는 주고받는 균형이 깨지지 않는 한 모든 욕구를 들어줄 마음이 있다. 이는 가족 전체를 전제로 하는 것이다. 아이나 엄마, 아빠, 그 누구도 다른 사람의 욕구를 들어주어야 할 책임이 혼자에게만 있는 것은 아니다.

"우리 장 보러 가자!" "난 더 놀고 싶어요!" 이렇게 시작된 상황은 양쪽이 모두 자신의 욕구를 밀고 나갈 때 순식간에 갈등으로 발전한다. 시장바구니를 손에 들고 있는 아빠에게는 무엇이 중요할까? 나는 내가 맡은 집안일을 믿음직스럽게 잘 처리하는 것을 중요하게 생각한다. 냉장고가 비어 있으면 음식에 대한 욕구도 생길 것이다. 하지만 이러한 욕구들을 충족하기 위해 아이와 언쟁을 벌이거나, "당장 시장 보러 떠나는 거야" 식의 강압적인 방법은 성공하지 못할 것이다.

일단 아이가 무엇을 중요하게 생각하는지를 물어보자. "지금 하는 놀이가 너무나 재미 있어서 계속하고 싶은 거니?(=놀이, 재미)" "시장 보러 갔다 오면 다시 못 놀게 될까 봐 걱정이 되는 거니? 다녀와서 다시 놀 수 있다는 보장이 필요하니?(=지속성, 안전)" "혹시 우리가 무엇을 할지 내가 물어봐 주고 너와 함께 결정해 주길 바라는 거니?(=다른 사람에게 내 의견에 대한 질문 받기, 자율성, 공동체성)"

아이가 이러한 질문에 "예"라고 대답하면, 그것이 바로 아이에게 중요한 욕구라고 여기면 된다. 이렇게 아이의 욕구를 파악한 뒤에는 내 느낌이 어떤지 알려 줄 준비를 한다. "네가 노는 모습을 보니 그리고 네가 이 놀이가 너무나 즐겁다고 하는 말을 들으니 기뻐. 아빠는 행복이 중요하다고 생각하거든." "시장을 보고 나서 다시 이 놀이를 할 수 없게 될까 봐 걱정이 된다는 이야기 아빠도 이해해. 아빠도 무슨 일을 하다 멈추면 그 일을 다시 할 수 있게 되는 게 얼마나 중요한지 잘 알아." "아빠가 네 의견을 물어봐 주고 함께 결정해 주기를 바란다는 말에 나도 동의해. 왜냐하면 아빠도 그런 것들이 중요하다고 생각하거든. 그럼 이제 아빠의 마음이 어떤지 이야기 해줄까?"(이 질문에 대한 답변은 아이의 상태를, 아이가 원하는 것이 무엇인지, 지금 내 이야기를 들을 준비가 되어 있는지 등을 알려 주기 때문에 아주 중요하다. 만약 내 이야기를 들어줄 준비가 되어 있지 않다면 이야기해도 별 소득이 없을 것이다.)

"네!"

"엄마는 두 시간 뒤에 집에 오신대. 그런데 저녁 식사를 준비하기 위해 필요한 재료가 충분하지 않구나. 오늘 저녁 식사는 모두가 행복한(=공동체성, 조화) 식사 시간으로 만들어 보자. 식사 준비하는 것도 참 재미 있을 것(=재미, 창의성) 같아. 어떻게 하면 좋을지, 어떻게 하면 너와 아빠가 중요하게 여기는 것들을 동시에 충족할 수 있을지에 대한 좋은 생각 있니?"

나는 다음과 같은 방식으로 두 사람 모두가 만족하는 길을 찾은 적이 많다.

- 아이는 10분 더 놀고 싶다고 한다.[8] 나는 타이머를 맞추고, 타이머가 울리면 출발한다.
- 나는 아이에게 45분 뒤에 다시 돌아올 것이니 돌아와서 한 시간 더 놀 수 있다고 말한다. 우리가 자리를 비운 사이 누가 방에 들어가지 못하게 아이가 놀던 방문을 잠근다.
- 시장을 보러 갈 때 장난감을 가져가 좀더 재미 있게 시장을 본다.
- 우리는 집에 그냥 있기로 하고, 옆집에 가서 달걀과 밀가루를 조금 얻는다.
- 우리는 있는 재료로 함께 요리를 한다.
- 나는 아내에게 전화를 해서 들어올 때 피자를 사오라고 한다. 우리는 군디를 기다리며 식탁을 장식한다.

2부 | 기린의 꿈 프로젝트

1장

단계별 연습

배경

'기린의 꿈 프로젝트'는 비폭력 대화를 최대한 많은 사람들에게 소개하기 위해 개발되었다. 특히 유치원 아이들과 부모들 그리고 교사들에게 비폭력 대화의 씨앗을 심어 주어 그들이 훗날 많은 열매를 맺기를 기대하고 있다.[9] 초등학교 낮은 학년이나 특수학교에서는 프로젝트의 일부 내용을 아이들의 수준이나 교육 환경에 맞게 조정하면 된다.

우리는 처음부터 아이들을 직접 만나지 않고, 먼저 교사 교육에 중점을 두었다. 왜냐하면 교사들이 아이들을 가장 잘 가르칠 수 있다고 믿었기 때문이다. 우리는 프로젝트를 진행하면서 이것을 눈으로 직접 확인할 수 있었다. 교사들은 아이들의 발달 상태를 가장 잘 아는 전문인으로서 전문 지식과 적절한 놀이, 노래 등을 선택하고 개발하며, 알맞은 진행 시간을 결정할 수 있는 충분한 능력을 갖추고 있었다. 또한 아이들의 안전이 가장 중요한데, 부모의 처지에서 낯선 사람이 유치원에 나타나 부모도 잘 모르는 무엇인가를 가르치는 것은 불편한 일이기 때문이다.

우리는 최대한 많은 지도자들(비폭력 대화에 대한 지식이 있는 사람, 그러나 반드시 CNVC의 인증을 받은 지도자일 필요는 없음)이 큰 어려움 없이 이해하고 유치원에 도입할 수 있는 프로그램을 개발하고자 했다. 우리가 개발한 프로젝트는 많은 시간과 비용을 투자할 필요 없이 최대한 많은 유치원에 그대로 적용할 수 있다. 그리고 우리의 판단이 틀리지 않다면, 종교 단체가 운영하는 유치원, 지역 유치원, 숲속 유치원(Wald－kindergarten), 몬테소리 유치원, 발도르프 유치원 등 모든 형태의 유치원에 적용하는 데 전혀 문제가 없다. 프로젝트의 기본 개념은 (우리의 바람대로) 언제나 적용될 수 있으며, 유치원 교사들이 각각의 환경에 맞게 응용할 수 있는 유연성이 있다고 믿는다. 기본 개념은 같되, 각각의 요소를 어떻게 소개할지, 어떤 놀이와 노래, 이야기와 도구를 사용할지 등은 유치원 환경에 따라 달라진다. 유치원에서 익숙한 방법이나 도구들을 충분히 활용하기 바란다.

비폭력 대화 소개하기

'기린의 꿈 프로젝트'를 시작하기 위해서 우선 교사와 부모에게 비폭력 대화를 소개한다. 먼저 서로 존중하는 관계를 배우고 심화하는 데 필요한 토대를 만들어야 하기 때문이다. 이를 위해 참가자들은 부모를 위한 비폭력 대화 입문 세미나에 참석하며, 지도자는 그들을 곁에서 돕는다. 입문 세미나를 마친 뒤 어른들은 아이들과 함께 배운 것을 실천한다. 비폭력 대화의 기본 태도를 깨닫게 해, 아이들이 자신이나 다른 사람을 '자신감 있게' 그리고 '존중하는 마음'으로 대하는 법을 배우도록 한다. 이것이 프로젝트의 가장 어려우면서도 중요하고 흥미로운 부분이다.

아이들은 날마다 유치원에서 상대를 존중하는 태도가 어떤 것인지 간접적으로 배운다. 교사는 아이들의 느낌과 욕구를 이해하고 들어준다. 이때 아이들은 교사로부터 자신을 정확하게 표현하는 법을 배우며 동시에 다른 아이들의 말에 귀를 기울이는 것도 배운다. 또한 교사와 부모 역시 느낌과 욕구를 갖고 있으며, 그들의 느낌과 욕구도 존중해야 한다는 것을 배운다. 대부분 아이들은 어른을 표본으로 삼아 이러한 것들을 배워 나간다.

물론 유치원 교사나 부모가 단 한 번 입문 세미나에 참석한 것으로 모든 상황에서 비폭력 대화의 원칙을 준수하거나, 늘 자신을 네 단계에 따라 표현할 수 있는 것은 아니다. 배우고, 연습하고, 기존의 습관을 버리기 위해서는 많은 시간을 투자해야 한다. 그렇지만 '완벽한 기린'만이 아이들을 가르친다면, 오히려 프로젝트에 도움이 되지 않는다. 현실에서 완벽한 사람은 아주 드물기 때문이다. 내 주위에서도 완벽한 사람은 본 적이 없고, 나조차도 완벽하지 못하다. 함께 배운다는 것은 어른들이 아이들을 가르치면서 배우고, 아이들이 서로 배우는 것이다. 성장, 발견, 경험의 과정을 함께 밟아 나가는 것이 이 프로젝트의 진정한 의미이다. 기린의 꿈 프로젝트는 결코 위계적인 교육을 추구하지 않는다. 모두가 완벽하다는 것을 인정할 때에야 비로소 모두가 배울 수 있는 마음을 가질 수 있다.

"행위할 가치가 있는 모든 것은 불완전하게 행위할 가치도 있다."

— 마셜 로젠버그

기린의 꿈 프로젝트의 구성

기린의 꿈 프로젝트에는 이야기가 있다. 아이들은 이 이야기를 통해 비폭력 대화를 직접 경험한다. 그리고 이야기가 끝난 뒤 아이들은 이야기를 더 깊게 생각해 보면서 '기린 언어'를 익히게 된다.

여기에서는 다섯 단계를 소개한다. 지금까지는 이 다섯 단계를 유치원에서 일주일(5일) 동안 적용하는 데 전혀 문제가 없었다. 이야기는 유치원에 온 한 아기 기린이 자신을 기린스럽게 표현하는 법(NVC 모델의 네 단계 : 관찰, 느낌, 욕구, 부탁)을 배운 뒤 엄마 기린[10]을 다시 만나는 내용이다. 이 과정에서 아이들도 아기 기린과의 대화를 통해 자연스럽게 기린 언어를 배운다. 그런 다음 아이들은 각자의 발달 상태와 유치원 교육 형태에 알맞게 단계별로 배운 것을 실천하고, 갈등 상황에 대처하는 법을 실습한다. 프로젝트는 기린(그리고 경우에 따라서는 부모들도)이 참석하는 잔치로 끝이 난다.

이야기는 결말까지 제시되어 있다. 이야기는 기린 언어를 '마음의 언어'로 배우고, 심화 과정을 준비하는 데 도움을 주기 위한

이야기는 5일에 걸쳐 계속된다		
첫째 날	아기 기린이 길을 잃었어요.	관찰
둘째 날	아기 기린의 마음은 어떨까요?	느낌
셋째 날	아기 기린이 원하는 것은 무엇일까요?	욕구
넷째 날	아기 기린은 우리에게 무엇을 부탁할까요?	부탁
다섯째 날	엄마 기린이 왔어요. 함께 즐거운 잔치를 열어요.	기린 언어

것이다. 이야기 구성은 기본 토대일 뿐 언제든 상황에 맞게 바꿀 수 있다.

각 단계별 이야기는 30~45분 정도의 길이로 구성하는 것이 좋

다. 또한 각 단계는 움직임(놀이), 노래, 이야기 듣기 등으로 구성했기 때문에 유치원 아이들이 집중하기에 좋다. 마지막 5단계는 잔치 준비도 포함되기 때문에 오전 내내 진행해도 된다. 이것 역시 제안일 뿐, 상황과 아이들의 학습 속도에 따라서 조정할 수 있다.

1단계 : 아기 기린이 길을 잃었어요

들어가기

"오늘 무슨 일이 있었는지 알아요? 오늘 아침에 유치원에 들어왔더니 처음 보는 친구가 있었어요!"

교사는 아기 기린을 천천히 등뒤에서 앞쪽으로 꺼내 보인다.

"여기 이 아기 기린이 와 있었어요! 아무래도 길을 잃은 모양이니 우리가 잘 돌봐 주어야 할 것 같아요."

아기 기린은 약간 겁을 먹은 듯한 표정으로 아이들을 바라본다.

"정말 아주 어린 기린이구나. 말은 할 줄 아니?"

아기 기린은 머리를 가로저어 아니라고 대답한다.

"어린이 여러분, 우리 다 같이 아기 기린을 환영해요!"

다 같이 말한다.

"아기 기린아, 안녕!"

관찰 카드를 이용해 이야기하기

"친구들은 아기 기린을 본 적이 있나요? 어디에서 본 적이 있나요?"

아이들은 자기 경험을 말한다.

"기린은 아주 특별한 동물이랍니다. 기린에게는 다른 동물에게 없는 특징들이 있어요. 어떤 특징인지 이야기해 줄 수 있는 친구 있나요?"

아이들은 자신이 관찰한 것을 이야기한다. 갈색 얼룩무늬, 뿔, 긴 목 등을 나열한다. "기린은 커요" 같은 대답이 나오면 교사는 이렇게 되묻는다.

"작은 것과 큰 것을 어떻게 구분할 수 있는지 말해 봐요."

"기린은 사랑스럽고 예쁘고……" 같은 대답을 한 아이에게는 왜 그렇게 생각하는지를 물어본다. 기린(또는 기린을 손에 들고 있는 교사)은 아이들의 대답에 따라 표정을 짓는다. 아이들이 관찰한 것을 말하면 고개를 끄덕이면서 웃는 표정을 짓고, 해석한 것을 말하면 이상하다는 표정을 짓는다.

"우리 아기 기린은 아직 말을 하지 못하는 아주 어린 기린이에요. 기린은 또 어떤 특징을 갖고 있을까요?"

아이들은 관찰 카드에 아기 기린을 묘사한다. 관찰 카드는 중앙에 놓는다.

놀이

"우리 친구들은 이제 기린에 대해서 많이 알게 되었는데, 아기 기린은 우리 친구들에 대해서 아는 것이 없네요! 아기 기린에게 친구들을 소개하는 사진 놀이를 해보면 어떨까요?"

"네!"

아이들은 둥그렇게 둘러앉는다. 아이들은 차례대로 10초 동안 오른쪽 친구의 얼굴을 본 뒤 사진을 찍는다(실제로 사진을 찍는 것처럼 손가락으로 버튼을 누르는 시늉도 하고, 한쪽 눈도 감는다). 옆 자리에 앉은 친구의 사진을 찍은 아이가 가운데 서서 그 친구의 특징을 나열하면, 교사는 아이가 말한 것을 목록에 적어 넣는다.

아기 기린은 앞에서 그랬던 것처럼 아이가 관찰한 것을 말할 때에는 긍정적인 표정을 짓고, 해석한 것을 말할 때에는 이상하다는 표정을 짓는다.

마무리

"아기 기린이 엄마 기린을 찾을 때까지 우리 유치원에서 함께 지내도 우리 친구들은 모두 괜찮죠?"

"네!"

만약 "아니오"라고 대답하는 아이가 있으면, 그 아이에게 왜 "예"라고 대답하기 싫었는지 물어보고 이야기를 이끌어 간다.

교사는 아기 기린에게도 물어본다.

"귀여운 아기 기린아, 우리 유치원 친구들이 어떤 친구들인지 알게 되었구나. 이제는 혼자가 아니고 우리 친구들의 도움을 받을 수 있으니 행복하니? 엄마를 찾을 때까지 유치원에서 우리 친구들과 함께 있을래?"

아기 기린은 끄덕이면서 행복한 미소를 짓는다. 아이들은 아기 기린을 위한 잠자리를 마련해 주며 함께 논다.

관찰 카드

준비물

- 아기 기린 인형.
- 아이들의 특징을 적을 목록
  : 머리카락, 색깔 안경, 묶은
  머리, 빠진 이빨 따위.
- 아기 기린의 잠자리.
- 관찰 카드.

2단계 : 아기 기린의 마음은 어떨까요

복습

다음날 다 같이 아기 기린이 자고 있는 곳에 조용히 모인 뒤, 아기 기린을 깨운다. 교사는 기린을 안는다.

"아기 기린아, 잘 잤니? 자 우리 다 같이 둥그렇게 둘러앉도록 하자. 우리 친구들 중에 어제 아기 기린과 무엇을 했는지 이야기해 줄 친구 있나요?"

둘러 앉아 이야기하기

교사는 아기 기린에게 질문을 한다.

"기분이 어떠니?"

아기 기린은 고객을 푹 숙인다. 교사도 함께 고개를 숙이면서 슬픈 표정을 짓는다. 그리고 아이들에게 다음과 같이 묻는다.

"지금 우리 아기 기린 마음이 어떨까요?"

아이들은 아마도 '슬프다, 졸리다, 걱정된다' 등의 느낌을 말하거나, 기분이 '나쁘다' 또는 '좋지 않다'고 대답할 것이다. 그러면 이렇게 물어본다.

"기분이 나쁘다는 것은 어떤 느낌이에요? 그런 기분은 언제 느낄 수 있나요?"

아이들이 이야기한다.

"친구들은 왜 아기 기린의 마음이 그럴 거라고 생각했어요? 얼굴, 손 모양, 고개 숙인 모습……. 그런 모습을 보면 다른 사람의 감정을 알 수 있나요? 정말로 그런지 한번 직접 실험을 해볼까요? 슬픈(행복한, 화난, 무서운) 마음일 때 여러분은 어떤 표정을 짓나요?"

놀이

"여기에 딱 어울리는 팬터마임 놀이가 생각났어요. '지금 나는 어떤 감정을 느끼고 있을지 맞혀 봐!'라는 놀이예요. 우선 놀이를 시작하기 전에 여기 있는 감정 카드(113쪽 자료 참조)를 한번 살펴보도록 해요. 어떤 그림이 보이나요? 그림에 있는 친구는 어떤 감정을 느끼고 있나요?"

감정 카드를 하나씩 차례대로 관찰한다. 그 다음 놀이를 시작한다. 한 아이가 감정 카드를 한 장 고른 뒤 다른 아이들에게 보여주지 않고 그 카드에 나타나 있는 감정을 직접 표현해 본다. 다른 아이들은 어떤 감정인지 맞혀 본다.

"혹시 ~맞니?"

감정 카드를 이용해 이야기하기

"아기 기린이 우리 친구들이 놀이하는 것을 쭉 지켜봤어요. 아기 기린이 어떤 감정을 느끼고 있는지 궁금하네요. 아기 기린이 자신의 감정을 여기 있는 감정 카드로 표현할 수 있게 도와줄까요?"

교사는 아이들에게 아기 기린이 어떤 감정을 느끼고 있는지 질문하게 한다. 아기 기린은 카드를 이용해 대답한다.

"아기 기린이 지금 슬프고 무섭다고 대답을 했어요. 아기 기린은 우리 친구들이 어떤 감정을 느끼는지 궁금한가 봐요."

교사는 아이들에게 서로에게 질문을 하게 한다. 예를 들어 "너 행복하니?"라고 질문하면 "응!" 또는 "아니! 나는~"라고 대답한다. 아이들은 감정 카드를 이용해 자신의 질문이나 대답을 더욱 또렷하게 표현한다.

마무리

"슬프고 무서우니까 누군가 곁에 있어 주면 좋겠구나!"

아기 기린은 *끄덕*인다.

"친구들과 같이 놀까?"

아기 기린은 *끄덕*인다.

"친구들과 함께 있으면 어떤 기분이 들까?"

아기 기린은 '즐겁다'를 나타내는 카드를 짚는다. 아이들은 기린과 함께 논다. 감정 카드는 아이들 눈에 잘 띄는 장소에 미리 준비한 큰 빨간색 하트에 붙여 놓는다. 아이들이 아직 집중력이 남아 있으면 함께 노래를 불러도 좋다.

준비물

- 감정 카드.
- 빨간색 큰 하트.
- 하트에 카드를 붙일 때 사용할 테이프.

즐겁다/ 깜짝 놀라다/ 실망하다/ 슬프다/ 무섭다/ 행복하다/ 화나다

감정 카드

3단계 : 아기 기린이 원하는 것은 무엇일까요

복습

셋째 날에도 다 같이 아기 기린이 자고 있는 곳으로 모여 아기 기린을 깨운다. 교사는 아기 기린을 안는다.

"귀여운 아기 기린, 잘 잤어요? 자, 우리 다 같이 둥그렇게 원을 만들어 앉도록 해요. 어제 우리가 무엇에 대해 이야기했는지 기억나는 친구 있나요?"

아이들은 전날 다루었던 느낌에 대해 이야기한다.

"어떤 감정이나 느낌이 있나요?"

아이들이 설명을 한다.

"나는 너무너무 궁금해요. 지금 친구들은 어떤 감정을 느끼고 있나요?"

아이들은 차례대로 자신의 감정을 이야기한다. 아기 기린도 카드를 이용해 자신의 감정(예를 들어 피곤하다, 걱정스럽다 등)을 표현한다.

욕구 카드를 이용해 이야기하기

"어제는 아기 기린이 슬프고 무섭다고 했어요. 아기 기린 곁에 아무도 없고, 같이 놀아 주지 않아서 그랬어요. 그래서 어제 우리가 아기 기린과 놀아 주었어요."

교사는 아기 기린에게 묻는다.

"어제 원하는 대로 친구들과 놀았더니 기분이 어땠어?"

아기 기린은 '즐겁다' 카드를 보여준다.

이번에는 아이들에게 묻는다.

"아기 기린에게 같이 있어 주고 같이 놀아 주는 것 말고 또 무엇이 필요할까요?"

아이들은 먹을 것, 마실 것, 포근한 잠자리, 엄마 등이라고 대답한다. 교사는 아기 기린에게 어떤 욕구를 갖고 있는지 물어본다.

"우리 친구들이 말한 것이 없으면 어떤 기분이 들어?"

아기 기린은 자신의 감정을 나타내는 감정 카드를 고른다. 교사는 아이들에게 묻는다.

"아기 기린에게 ~를(을) 주기 위해 우리는 어떻게 해야 할까요?"

아이들은 기린에게 다가가 아기 기린의 욕구를 충족해 준다. 교사는 아기 기린에게 질문한다.

"이제 어떤 기분이니?"

아기 기린은 감정 카드를 골라 대답한다.

만약 아이들이 대답을 생각해 내지 못하면 교사가 다음과 같은 욕구를 적은 카드를 이용해 아이들을 도와준다.

- 사이좋게 놀기(=존경심, 존중).
- 이해받기(=이해).
- 서로 돕기(=지원, 도움).

- 함께 축하하기 그리고 위로하기(=축하와 위로).
- 혼자서 하도록 두기(=자율성).
- 마음껏 까불고 웃기(=움직임과 재미).
- 안기기, 뽀뽀하기(=사랑, 애정).

창의적 연습

"자, 우리 아기 기린은 이제 어떤 감정을 느끼니?"

아기 기린은 행복한 표정을 짓는다.

교사는 아이들에게 물어본다.

"아기 기린에게 필요한 게 정말 많다는 사실을 알았어요. 그렇다면 친구들은 어떤가요? 여러분이 무엇을 원하는지 말해 보기로 해요. 여기 가운데에 보자기로 만달라(대개 가운데 중심점이 있는 원형의 모자이크 그림 – 옮긴이)를 만들어 놓았어요. 자신의 보자기 위에 친구들이 원하는 것이나 중요하다고 생각하는 것을 나타내는 그림이나 물건을 올려놓도록 해요. 가운데에는 보물 상자가 있어요. 각자 보자기 위에 그림이나 물건을 올려놓고 나서 맨 마지막에 모든 그림과 물건을 모아서 저 보물 상자 안에 넣을 거예요."

아이들은 자신이 소중하게 생각하는 것을 그리거나 만든다. 모두가 자신의 보자기 위에 그림이나 물건을 올려놓은 뒤에는 둥그렇게 둘러앉아 교사가 아이들에게 돌아가며 그림이 무엇을 뜻하는지 물어본다.

"우리 친구들 모두, 그리고 모든 사람들은 각자 욕구가 있어요.

지금 친구들은 이 놀이가 재미있기 때문에 행복한 감정을 느끼고 있을 거예요. 행복한 친구, 손들어 볼까요? 아니면 혹시 피곤해서 잠시 쉬고 싶은 친구도 있나요? 그런 친구도 손들어 보세요."

아이들의 반응을 살핀다. 경우에 따라서는 배고픔 같이 다른 욕구를 가진 아이도 있을 수 있다.

마무리

아이들의 욕구에 따라 마무리를 한다. 여러 아이들이 피곤하다고 하면 교사는 아이들에게 그림책을 읽어 준다. 이때 아이들에게 중간 중간 질문을 한다.

"지금 주인공은 무엇을 원하고 있을까요? 지금 주인공이 중요하게 생각하는 것은 무엇이고, 주인공의 감정은 어떨까요?"

아기 기린도 함께한다.

준비물

- 교사가 직접 만든 보물 상자.
- 보자기를 이용해 만든 만달라.
- 그리기 및 만들기 재료.
- 욕구 카드.

4단계 : 아기 기린은 우리에게 무엇을 부탁할까요

복습

넷째 날에도 다 같이 아기 기린이 자고 있는 곳으로 모여 아기 기린을 깨운다. 교사는 아기 기린을 안는다.

"어제는 친구들이 고른 물건과 그림을 보물 상자에 담았어요. 자, 보물 상자 안에 무엇을 넣었는지 다시 한번 살펴보도록 해요. 자기가 어떤 그림이나 물건을 넣었는지 이야기하고 싶은 친구 있어요?"

아이들은 이야기를 한다. 아기 기린은 호기심 어린 표정으로 이야기를 듣는다.

부탁 카드를 이용해 이야기하기

아기 기린은 갑자기 조용해지고, 교사는 아기 기린에게 묻는다.

"아기 기린아, 기운이 없어 보이네. 엄마가 보고 싶어서 슬픈 거니?"

아기 기린은 끄덕인다.

"아기 기린아, 우리가 엄마를 찾을 방법에 대해 다 같이 이야기를 하면 좋겠니?"

아기 기린은 끄덕인다.

교사는 아이들을 바라보며 물어본다.

"이제 어떻게 하면 좋을까요?"

아이들은 엄마 기린을 찾을 방법을 제안한다.

교사는 아이들이 구체적("사람들에게 엄마 기린이 어디 있는지 물어 봐요"라는 제안보다는 "동물원에 전화를 해봐요" 같은 제안)이고 실천할 수 있는 제안("헬리콥터를 타고 찾아봐요"라는 제안보다는 "길거리에 엄마 기린을 찾는 포스터를 붙여요" 같은 제안)을 생각해 낼 수 있도록 안내한다.

아이들과 함께 엄마 기린을 찾을 방법을 선택한다.

다음의 몇 가지 예를 활용해도 좋다.

- 아기 기린의 얼굴을 그린 전단지를 만들어 길거리에서 나눠 준다.
- 동물원에 있는 기린들에게 편지를 써서 도와달라고 한다. 아 이들이 함께 편지를 우체통에 넣는다.
- 경찰서를 찾아가 엄마 기린의 모습을 설명하고 경찰에게 도와 달라고 한다.
- 풍선 이벤트를 열어 엄마 기린 찾기를 홍보한다.

아이들이 이야기를 나눈 뒤에 한 가지 방법을 고른다.

"아기 기린아, 우리가 너의 부탁을 들어주려고 생각을 해봤는데 ~하는 방법이 제일 좋을 것 같아. 우리 제안이 어떠니?"

아이들은 엄마 기린 찾기 계획을 실천한다.

마무리

아기 기린이 기뻐한다.

교사는 다음과 같이 말한다.

"우리가 널 이해하고 도와준다는 생각에 마음이 편안하고 기쁘구나?"

이번에는 아이들에게 묻는다.

"아기 기린이 곧 엄마 기린을 다시 만날 텐데, 여러분은 기분이 어떤가요?"

아이들에게 이야기할 기회를 준다. 아이들은 기쁨과 안도감을 느낀다고 하면서, 한편으로는 아기 기린과 헤어져야 한다는 생각에 슬프다고도 한다.

교사는 아이들의 의견에 공감해 준다.

이야기하고 싶은 아이들이 모두 자신의 느낌을 말한 뒤에는 엄마 기린에게 부탁할 것을 생각해 적어 놓는다. 예를 들어, '우리는 사실 아기 기린과 더 놀고 싶은데, 엄마 기린이 오시면 아기 기린이 떠나야 해서 슬퍼요. 여름방학 때까지 아기 기린이 계속 유치원에 나오면 안 될까요?' 같이 부탁하는 말을 적는다.

준비물

- 보물 상자.
- 보자기.
- 편지지, 전단지.
- 부탁 카드.

5단계 : 엄마 기린이 왔어요. 함께 즐거운 잔치를 열어요

엄마 기린의 답장

다섯째 날에도 다 같이 아기 기린이 자고 있는 곳으로 모여 아기 기린을 깨운다. 교사는 아기 기린을 안는다.

"잘 잤니? 엄마가 연락을 하셨는지 당장 확인해 보자! 너무너무 기대된다!"

모두가 우체통 주위로 모인다. 우체통 안에는 답장이 와 있다.

"아기 기린아, 엄마가 우리 모두에게 답장을 쓰셨구나!"

'우리 딸 프리다가 친구들과 함께 있었군요.(관찰)

정말 다행이에요! 딸이 없어져서 정말 걱정을 많이 했어요.(느낌)

저는 딸이 빨리 다시 집으로 돌아오기만을 바라고 있어요.(욕구)

당장 유치원으로 가겠어요. 제가 곧 간다는 사실을 알 수 있게 프리다에게 이 편지를 꼭 읽어 주세요.(부탁)'

편지를 읽는 동안 교사는 아이들에게 편지 내용에 맞는 카드를 보여주면서 다음과 같은 동작을 한다.	
관찰	사진 찍는 시늉
느낌	두 손을 가슴에 얹기
욕구	두 손을 배에 얹기
부탁	두 팔을 활짝 열기

아기 기린은 기뻐한다.

교사는 엄마 기린이 쓴 편지의 내용을 되풀이해 이야기하면서 느낌, 욕구, 부탁에 대한 질문을 한다.

"엄마 기린은 아기 기린이 우리 유치원에 있다는 사실을 알고 난 뒤 어떤 감정을 느꼈나요?"

"엄마 기린은 무엇을 원하고 있나요? 그리고 무슨 부탁을 하고 있지요?"

"아기 기린의 이름이 뭔지 들었지요?"

"프리다의 엄마가 곧 오신다는 이야기를 들으니 어떤 기분이 드나요?"

아이들은 자신의 느낌과 욕구를 표현한다.

엄마 기린을 맞이할 준비하기

"엄마 기린이 오시면 같이 잔치를 여는 것은 어떨까요?"

아이들은 엄마 기린을 어떻게 환영할지 고민한다.

아기 기린이 유치원에서 아이들과 함께 배운 노래를 부르거나 춤을 추고, 함께 음식을 먹을 수 있도록 상을 차리고, 교실을 꾸민다.

환영과 잔치

초인종이 울리고 엄마 기린이 들어온다. 엄마 기린은 행복한 얼굴로 아기 기린 프리다와 아이들에게 인사를 한다. 엄마 기린과 아기 기린은 서로 껴안으며 행복해한다.

"아이들이 프리다와 함께 배운 노래를 들려드리겠답니다. 한번 들어 보시겠어요?"

아이들은 노래하며 춤춘다.

엄마 기린은 기린스러운 언어로 아이들에게 감사의 말을 전하면서 그 상황에 적합한 카드를 보여준다.

"프리다가 여러분들과 지내면서 너무 행복했다고 말하는 것을 들으니 나도 너무나 기뻐요. 서로가 서로를 돌봐 주고 아끼는 것은 아주 중요한 일이라고 생각하기 때문이에요. 고마워요! 그리고 제가 꾼 꿈 이야기를 들려주고 싶은데, 들어 볼래요?"

엄마 기린은 꿈 이야기를 들려준다.

"나는 어젯밤에 모든 사람이 기린처럼 되는 꿈을 꿨어요. 그러니까 사람들도 기린처럼 자신이 어떤 감정을 느끼는지 말하고, 다른 사람의 감정도 중요하게 생각하는 꿈이었어요. 내 꿈에서는 더 이상 서로에게 상처를 주거나 비웃거나, 다른 사람의 물건을 빼앗지 않았어요. 꿈속에서 아이들은 유치원에서 기린처럼 말하고 행동하는 법을 배웠어요. 우리 친구들은 자신에게 필요한 것을 말하고, 다른 친구들이 무엇을 필요로 하는지 귀담아 듣게 되었어요. 모두가 행복할 수 있는 방법을 찾아 나갔어요. 여러분도 내 꿈속에서 본 그런 아이가 되고 싶나요?"

"예!"("아니오"라고 대답하는 아이가 있을 경우에는 "예"라고 대답하지 않은 이유가 무엇인지 물어보면서 대화를 이끈다.)

"여러분이 원한다면(경우에 따라서는 아이들이 먼저 요구할 수도 있

다) 여기에 있으면서 여러분과 프리다에게 가르쳐 주고 싶어요. 여러분은 다른 친구나 어른과 이야기할 때 어떻게 해야 내가 이해받고 다른 사람을 이해할 수 있는지를 배울 거예요. 이야기를 할 때에는 이야기 막대를(앞으로 내민다) 사용하고 이야기를 들을 때에는 기린의 귀를(앞으로 내민다) 이용하도록 해요. 이야기 막대와 기린의 귀는 한곳에 놓아두겠어요."

나중에 '기린 코너'가 될 한쪽 구석에 물건을 놓는다.

"아, 정말 피곤하고 배도 고프네요. 다 같이 뭐 좀 먹을까요?"

"네!"

다 같이 음식을 먹는다.

피드백

의자를 둥그렇게 놓고 앉는다. 아이들은 피드백을 통해 축하하는 법을 배운다.

"엄마 기린이 오셔서 나는 너무 기뻤어요. 왜냐하면 아기 기린이 너무나 좋아했어요."

"다 같이 잔치를 해서 너무 행복했어요."

"프리다와 엄마가 다시 만나는 게 제일 멋있었어요."

마무리

엄마 기린과 프리다는 유치원에서 지내면서 아이들이 기린 언어를 배우는 것을 도와주겠다고 약속한다.

준비물

- 엄마 기린의 답장.
- 엄마 기린.
- 카드.
- 기린의 귀.
- 이야기 막대.
- 잔치하는 장소를 꾸미기 위한 재료.

비폭력 대화를 배우기 위한 첫 과정은 여기에서 끝난다. 엄마기린과 아기 기린은 유치원에 머문다. 유치원에 여유 공간이 있을 경우에는 한쪽 구석에 '기린 코너'를 마련해 기린 가족이 살 수 있게 해주며, 사용한 재료들을 그곳에 보관한다. '기린 코너'는 늘 열어두어야 하며, 대화, 갈등 해결, 편안함을 위한 곳이 되어야 한다. 아이들은 이곳에서 언제든지 엄마 기린 또는 아기 기린과 놀 수 있고, 마음속 이야기를 털어놓을 수도 있다. 교사는 이곳에서 아이들과 공감하면서 이야기를 나눌 수도 있다.

"아이들이 비폭력 대화는 아주 좋다는 인식을 갖게 해서, 직접 해 보고 익숙해지기를 바란다. 내 경우도 그랬다. 꾸준히 되풀이하자 비폭력 대화가 익숙해졌고 자신감이 생겼다. 비폭력 대화가 내 속에 완전히 자리잡아 마음속에서 혼자 연습을 할 수 있는 정도가 되면서 효과가 나타났다."

– 사비네(교사)

2장

심화 연습

심화 연습 단계는 배운 것을 되풀이해서 연습하고 심화하는 과정이다. 이 단계에서는 아이들에게 익숙한 놀이, 노래, 이야기 등을 통해 비폭력 대화의 기본 정신을 전달한다. 마찬가지로 비폭력 대화의 네 단계를 적용한다. 교사와 아이들이 모든 것을 완벽하게 잘해내는 것이 목표가 아니라, 반복, 공동 학습, 인내심과 끈기를 통해 네 단계를 익히는 것이 목표이다. 시간은 아이 개인의 특성과 각 유치원의 환경에 따라 적절하게 조정한다.

관찰 심화 연습

아이는 자신이 인지하는 것을 통해 세상과 자기 자신을 바라본다. 환경을 더 포괄적이고 세부적으로 그리고 의식적으로 인지하면 환경에 더 잘 대응할 수 있다. 세상은 스스로 여는 창문만큼만 보인다.

목표

이 연습을 통해 아이들이 자기 자신과 주변 환경을 인식하고, 관찰한 것을 해석하지 않고 설명하는 법을 익히게 된다. 아이들은 자기 자신과 다른 사람을 존중하는 태도를 배울 수 있다.

연습 방법

모든 연습을 할 때 관찰 카드를 준비한다.

이야기 주제

- 나는 누구인가? 나는 나만의 개성을 가진 소중한 존재이다.
- 나는 내 자신과 다른 사람을 어떤 식으로 바라보았는가?
- 오감이란 무엇인가?

그림책/이야기

- 《이 작은 나가 곧 나이다(Das kleien Ich bin ich)》, 융브룬넨

출판사.

- 《우리 몸을 발견해요(Wir entdecken unseren Köper)》, 라벤스부르거 출판사.
- 기타.

창의적 행위

- 자화상 그리기.
- 손발 도장 찍기.
- 어린이 ID 카드 만들어서 어른 신분증과 비교하기.

주제와 어울리는 노래

- 〈내가 무엇을 할 수 있는지 보라(Seht, was ich kann!)〉(구전 동요).
- 〈나는 듣는다(Ich höre)〉를 비롯한 데틀레브 웨커(Detlev Jöcker)의 노래.

보고 듣는 능력을 개발하기 위한 감각 놀이

관찰하기 위해서는 보고 듣는 것이 아주 중요하다

보기

- 거울을 통해 자기 관찰하기, 자기 외모 바꿔 보기(머리 모양, 분장하기).

- 서로 사진기로 사진을 찍어 주고, 사진을 이용해 기억 놀이 하기.
- 킴 게임 1 : 물건 약 15개를 쟁반 위에 올려놓고 몇 분 동안 아이에게 보여준 뒤 치워 버리거나 수건으로 덮는다. 아이들은 쟁반 위에 어떤 물건들이 있었는지 생각해 내, 물건의 색깔, 모양, 특징을 말한다.
- 킴 게임 2 : 쟁반 위에 있는 물건들 중 한 가지를 수건에 싸서 치우면 아이들은 사라진 물건이 어떤 것인지 맞힌다.
- 그림자 놀이 : 아이들이 짝을 짓는다. 한 명은 사람이 되고 한 명은 거울이 된다. 거울 역할을 맡은 아이는 소리 없이 사람 역할을 맡은 아이의 행동과 표정을 똑같이 따라한다(이 놀이를 할 때면 꼭 웃음보가 터진다).
- 정해 놓은 시간 동안에는 서로 약속한 수신호만 사용한다.

듣기

- 병풍을 세운다. 교사 또는 몇몇 아이들이 병풍 뒤에서 다양한 물건을 움직여 소리를 낸다. 예를 들어, 접시 위에 숟가락을 올려놓고 흔들거나, 열쇠 꾸러미 또는 악기 따위로 소리를 낸다. 그러면 반대쪽에 있는 아이들이 어떤 물건이 내는 소리인지 맞힌다.
- 교사가 동물 소리를 흉내내면, 아이들은 어떤 동물인지를 맞힌다. 동물 소리나 자연의 소리가 담긴 CD를 이용할 수도 있다.

- 소리 듣고 방향 맞히기 : 아이들은 큰 원을 만들어 둘러앉는 다. 한 아이가 가운데 서서 눈을 감고 있으면, 다른 아이가 손으로 바닥을 쳐서 소리를 낸다. 눈을 감은 아이는 소리를 낸 아이를 찾아야 하는데, 눈을 감은 아이가 소리를 낸 아이에게 다가가면 잽싸게 다른 아이가 바닥을 두드린다. 일정 시간이 지나면 술래를 바꾼다.

다른 감각을 개발하기 위한 놀이

촉각

- 촉각 레인 : 아이들은 눈을 감은 채 맨발로 솜, 코르크, 비누 거품, 모래, 깃털 따위가 담긴 넓은 상자 위를 걷는다.
- 여러 가지 물건을 보자기로 덮는다. 아이들은 손이나 발을 보자기 속에 넣고 사물을 만지면서 사물의 특징(부드럽다, 딱딱하다, 따뜻하다 등)을 말하고 어떤 물건인지 맞힌다.

미각

- 안대를 두르거나 눈을 감은 뒤 사과, 땅콩 등 여러 가지 음식을 맛보고 무엇인지 맞힌다.

후각

- 눈을 감고 커피, 치즈, 계피, 비누 등 다양한 음식과 사물의 냄새를 맡아 보고 맞힌다.

기타 놀이

- 신발을 섞은 뒤 짝 맞추기.
- 스무고개.
- 장님 소 : 한 아이가 안대를 하고 다른 아이들의 손을 만져 보고 누구인지 맞히는 놀이.
- 누가 왕인가 : 한 아이를 왕으로 정한 뒤, 모두가 그 아이의 행동, 말, 억양 등을 정확하게 따라한다. 놀이를 변형할 수도 있다. 한 아이가 문 밖에 나가 있는 상태에서 왕을 정한 뒤, 밖에 있던 아이를 들어오게 한다. 밖에 있던 아이는 다른 아이들을 잘 관찰해 누가 왕인지 맞힌다.
- 나처럼 이렇게 집을 지어 봐 : 아이 두 명이 (똑같은 자세로) 마주 보고 앉는다. 둘 다 같은 모양의 블록(아이들의 나이에 따라 블록 수를 조정한다)을 받는다. 두 아이 사이에 큰 동화책을 가림 판처럼 세워 놓는다. 한 아이가 시작한다. "나처럼 이렇게 집을 지어 봐"라고 하면서 자신이 어떤 블록을 어떻게 쌓고 있는지를 설명한다. 마주 보고 있는 아이는 그 설명을 듣고 따라 한다. 집을 다 지은 뒤에는 가림 판을 치워 두 아이의 집을 비교한다.

집에서 할 수 있는 놀이

감각 놀이에는 다양한 것들이 있다. 몇 가지를 소개한다.

• 사진으로 만든 달력 : 집에 있는 가구의 일부분(장롱 열쇠, 화장대의 장식 등)을 사진으로 찍어 달력을 만든 뒤, 아이에게 어떤 가구를 찍은 사진인지 맞혀 보게 한다. 아이가 정답을 맞히면 그 달에 정해 놓은 먹거리를 먹는다.

• 그림책 속 사물이나 특징 찾기.

• 자연 속에서 하는 후각 놀이, 듣기 놀이, 촉각 놀이.

• 버스에서 사람 맞히기 : 버스 승객 중 한 사람을 고르면, 아이가 질문을 한다. "남자예요?" "응." "수염이 난 사람이에요?" "아니." 부모는 "예"와 "아니오"로만 대답하며, 아이가 평가나 해석이 담긴 질문을 할 때(예를 들어 "그 사람 예쁜 옷을 입고 있나요?")에는 어깨를 으쓱이며 대답하지 않는다.

느낌 심화 연습

다른 사람과 공감하며 연결하기 위해서는 상대의 느낌을 아는 것이 가장 중요하다. 대개 두 살에서 다섯 살 사이의 아이들이 기쁨, 슬픔, 분노, 놀람, 두려움, 거부감 같은 느낌을 익히게 된다.

목표

이 연습은 아이들에게 자신의 느낌을 몸의 움직임이나 표정으로 표현하고, 말을 제외한 다른 신호를 통해 다른 사람의 느낌을 파악하는 훈련이다. 다시 말해, 아이들이 자신의 느낌과 다른 사람의 느낌을 읽어 내는 능력을 기르기 위한 것이다.

연습 방법

모든 연습을 할 때 느낌 카드를 준비한다.

이야기 주제

- 그림이나 책 등에 나오는 다양한 상황에서의 대화, 예를 들어 두 아이가 다투면서 서로의 머리카락을 잡아당기고 있는 상황.
- 서로 반대되는 느낌 찾기

  행복하다 - 슬프다

  두렵다 - 용감하다

  기쁘다 - 화나다

사랑스럽다 - 포악하다

• 만약 ~하면 어떤 느낌이 들까?

친구들이 내가 그린 그림을 찢어 버리면.

남동생이 나에게 "나는 형/누나가 이 세상에서 제일 좋아!"라
고 말하면.

거실에 예쁘게 꾸민 크리스마스트리가 있다면.

엄마가 동생을 낳으면.

그림책/이야기

• 두려움, 기쁨, 슬픔, 분노 등의 느낌을 소개한 이야기. 예를 들
어 더 이상 얼굴이 빨개지도록 화를 내지 않겠다고 한 에로(Elo)
라는 코끼리의 이야기(《그만 : 아이들은 갈등을 폭력 없이 해결한다
(STOPP : Kinder gehen gewaltfrei mit Konfliktenum)》 중에서,
페르센 출판사).

• 《영혼의 새(Der Seelenvoel)》, 카를센 출판사.

• 《뭔가 다르다(Irgendwie Anders)》, 외팅거 출판사.

창의적 행위

• 느낌 측정기를 교실에 걸어 둔다.

• 컵 받침대로 만든 느낌 판을 각각 하나씩 아이들의 목에 걸
어준다.

• 각각의 느낌을 주제로 한 콜라주를 만든다. 다양한 감정을 나

타내는 사진을 신문에서 찾아서 오린 뒤 분류하고, 작품을 만든다.

- 풍선이나 손가락 하나에 얼굴을 그린다. 아이들은 얼굴과 그 얼굴이 나타내는 느낌을 소개한다.
- 느낌 기억 놀이 : 두 명씩 짝을 지어 똑같은 표정(화가 난 표정, 행복한 표정, 난감한 표정 등)을 짓는다. 교사는 아이들의 얼굴을 사진으로 찍은 뒤 사진을 기억 카드에 붙이고 기억 놀이를 한다.

주제와 어울리는 노래

- 〈난 이렇게 웃을 수 있어(Siehst du wie ich lachen kann)〉, 데틀레브 웨커(Detlev Jöcker).
- 〈내가 너에게 먼저 다가갈게(Du, ich geh einfach auf dich zu)〉, 롤프 크렌처(ROlf Krenzer).
- 〈나는 행복하면 박수를 쳐요(Wenn ich glücklich bin,ann klatsch ich in die Hand)〉.
- 〈안녕, 안녕, 네가 와서 너무 좋다!(Hallo, hallo, schön, dass du da bist!)〉.

느낌 놀이

- 역할 놀이 또는 느낌 카드를 이용한 팬터마임 놀이.
- 만지고 느껴 보는 놀이 : 예를 들어 다양한 바닥(흙, 돌, 물,

담요 등이 깔려 있는 바닥) 위를 맨발로 걷는다.

- 산에서 해가 뜨는 모습이나 피자 만들기 등과 같은 이야기를 들으며 서로 서로 마사지를 해준다.
- 누가 먼저 웃을까요?(서로 웃기기 놀이) : 아이 두 명이 서로 마주 보고 서거나 앉아서 재미난 표정을 지어 상대방을 웃기는 놀이. 먼저 웃는 사람이 진다.
- 형사 놀이 : ~하면 어떤 일이 일어날까요?
    - 두려움을 느끼면.
    - 자지러지게 웃음이 나면.
    - 개가 짖으면.
    - 무서워서 소리를 지르면.
- 느낌을 표현하며 그대로 멈춰라 : 음악이 흐르고 아이들은 춤을 춘다. 음악이 갑자기 멈추고, 사회자가 한 가지 느낌을 말한다. 예를 들어, 슬픔을 말하면 아이들은 몸짓과 표정으로 슬픔을 나타내야 하고, 다시 음악이 시작되기 전까지 절대로 움직여서는 안 된다(절대로 웃어서도 안 된다).
- 느낌 알아맞히기1(몸으로 말해요) : 아이들은 다리로 '나는 화가 났어요', 눈으로 '나는 무서워요', 엉덩이로 '나는 신났어요', 온몸으로 '나는 즐거워요'를 표현한다. 그 다음에는 역할을 바꿔 다른 신체 부위로 다른 느낌을 표현한다. 교사가 아이들에게 묻는다. "사람마다 느낌을 표현하는 방식이 다를까요? 만약 누군가가 우리가 내는 소리를 듣지 못하고 창문 밖에서 우리의

몸짓만 보고 있다면, 그 사람은 우리가 어떤 느낌을 표현하려고 했는지 알아맞힐 수 있을까요?" 교사는 아이들의 대답을 들어 본 뒤 다른 사람의 감정을 읽는 것이 그렇게 쉽지 않다고 설명한다. 때문에 내가 지금 어떤 느낌을 갖는지 다른 사람들이 모르는 경우가 많다는 것도 알려 준다. 교사는 사람들에게 자신의 감정을 알리기 위해서는 기린 언어를 사용해 감정과 욕구를 정확하게 알려 주어야 한다고 말한다.

• 느낌 알아맞히기2(단어로 말해요) : 다음과 같이 단어 목록을 만든다.

"여러분은 부족한 것이 없으면 어떤 느낌이 드나요?" "좋은 느낌은 어떤 것들인가요?" "기분이 좋을 때는 어떤 단어로 자신의 느낌을 표현하나요?" 아이들은 교사의 질문에 대답을 하고, 교사는 아이들이 말하는 것을 웃는 얼굴이 그려져 있는 종이에 기록한다.

"만약 부족한 것이 있으면 어떤 느낌이 드나요?" "여러분이 싫어하는 느낌은 어떤 것들인가요?" "기분이 별로일 때 그 느낌을 어떻게 설명하나요?" 아이들이 대답을 하면 교사는 슬픈 얼굴이 그려져 있는 종이에 아이들의 대답을 기록한다.

느낌을 나타내는 단어를 적은 종이 두 장을 그림을 넣어 꾸민 다음에 교실 벽면에 붙여 놓는다.

집에서 할 수 있는 놀이

느낌에 대해 이야기하는 것은 느낌을 파악하고 표현하는 데 많은 도움이 된다. "기분이 어때?"라는 구체적인 대답을 기대하고 던지는 질문과 "나는~"라는 솔직한 대답은 서로를 더 잘 이해할 수 있게 한다. 아이들 관계뿐 아니라 연인 관계에서도 그렇다. 느낌을 표현하는 것이 아이들의 언어 발달에도 많은 도움이 된다.

느낌은 추상적인 개념을 넘어 '몸 상태'를 표현하는 것이기도 하다. 두려움, 기쁨, 거부감 등은 몸으로도 느낄 수 있다. 아이들과 함께 실험을 해보면 더 또렷하게 이해할 수 있다. 예를 들어 아이에게 책을 읽어 주다 보면, 아이가 주인공인 '영웅'이 어떤 느낌을 갖는지 궁금해하는 경우가 있다. 이때 아이에게 직접 그 주인공이 되어 보게 해서 주인공이 느끼는 분노 같은 느낌을 경험해 보도록 한다. 아이는 속이 쓰리고 손발에 땀이 나는 등 다양한 몸의 변화를 이야기할 것이다. 물론 어른들도 함께 할 수 있다. 이와 비슷한 또 다른 놀이도 있다. 예를 들어 왼쪽 다리로 기쁨을, 새끼손가락으로 분노를, 코로 두려움을 느끼고 표현해 보는 것이다.

욕구 심화 연습

남녀노소를 불문하고 모든 사람에게는 똑같은 욕구가 있다. 음식, 사랑, 인정, 자율성, 존중, 질서, 신뢰 따위가 대표적이다. 비폭력적인 태도란 자기 자신의 욕구뿐 아니라 다른 사람의 욕구도 함께 존중하는 태도이다.

목표

아이들은 다양한 욕구를 개발하고 표현하는 법을 배우게 된다. 이를 통해 진정으로 자기 자신을 이해하고 자신의 욕구를 다른 사람들에게 설명하는 법을 배울 수 있다.

연습 방법

모든 연습을 할 때 욕구 카드를 준비한다.

이야기 주제

• 느낌을 나타내는 그림을 보여준 뒤 질문을 한다. "엄마가 이렇게 화가 난 표정으로 보면, 엄마는 무엇을 원하고 있는 것 같나요? 아이들은 무엇을 원할까요?" 등.

• 아이들이 갖는 욕구(안전, 위로, 이해, 도움, 사랑, 다정함, 유대감, 따뜻함, 잠, 편안함, 재미, 놀이, 잔치, 음식물, 다른 사람과의 소통)를 나열하고 다음 문제에 대해 생각해 본다. 이러한 욕구

는 무엇을 통해, 어떤 상황에서 충족되는가?

- 아이들의 느낌에 대해 다음과 같이 질문한다. "아이들은 어떤 느낌을 가질까요? 무엇이 필요할까요?"

그림책/이야기

모든 동화가 다음 질문을 던지기에 적합하다. "동화 속 주인공들이 정말로 원하는 것은 무엇일까요?" 이야기를 읽어 주거나 그림책을 함께 보면서 다음의 질문을 되풀이한다. "지금 이 사람의 느낌은 지금 어떨까요? 무엇이 필요할까요?"

- 《4색의 나라(Das Vier – Farben – Land)》, 오즈 출판사.
- 《검은 양(Das schwarze Schaf)》, 핀들링 출판사.
- 《항상 너를 사랑할게(Ich lieb dich für immer)》, 외팅거 출판사.
- 《꼬마 정원사(Der kleine Gärtner)》, 노르트 – 쥐트 출판사.

창의적 행위

- 아이들의 욕구를 나열하고 다음 질문에 대해 생각해 본다. "우리 욕구는 유치원에서 언제 충족되는가?" 아이들 각각의 욕구에 각기 다른 그림 그리기 기법을 사용해 큰 공동 작품을 만든다.
- 아이들의 휴식과 재충전에 대한 욕구를 충족해 준다. 예를 들어 명상 음악을 들려준다.

주제와 어울리는 노래

- 〈오늘은 내가 노래 부를 수 있는 날이다(Heut ist ein Tag an dem ich singen kann)〉, 데틀레브 웨커.
- 〈너와 함께 있는 시간은 정말 행복해(Ich bin so gern bei dir)〉, 롤프 크렌처.
- 〈내 손을 잡아 봐(Ich gebe dir die Hände)〉, 롤프 크렌처.

느낌 놀이

- 다른 사람과의 소통, 놀이, 재미, 질문을 받고 싶은 욕구 등을 충족해 준다.
- 욕구 알아맞히기 : 다음과 같은 경우에 아이들에게 무엇이 필요할까요?
  - 넘어져서 울음이 터지면.
  - 높은 선반 위에 놓여 있는 보드 게임이 하고 싶으면.
  - 뱃속에서 꼬르륵 소리가 나면.
  - 침실에 불이 모두 꺼져 있고 문이 잠겨 있어 무서워지면.
  - 한 시간째 혼자 방에서 놀면서 외로움을 느끼면.
  - 햇볕이 뜨겁게 내리쬐어 피부가 빨갛게 달아오르면.
  - 열이 나고, 입맛이 없고, 기운이 없으면.

집에서 할 수 있는 놀이

아이들은 선과 악이 대결하는 내용의 동화를 좋아한다. 나쁜 사람은 벌을 받고 착한 사람은 부자가 되는 행복한 결말에 익숙해져 있다. 아이들은 이러한 동화를 통해 가치관과 판단 기준을 배운다. 또한 사회에서 성공하는 태도가 어떤 것인지도 배운다. 그러나 문제는 이러한 이야기에서 폭력을 정당화하는 것 역시 배운다는 점이다. 나쁜 사람은 처벌하고 짓밟아도 된다는 생각을 갖게 되는 것이다. 그리고 한번 나쁜 사람은 변함없이 나쁜 사람으로 살아간다는 고정관념도 자리잡게 된다. 또한 누가 그리고 무엇이 선하거나 악한지는 이미 정해져 있으며, 우리는 아무런 힘도 없을 뿐 아니라 책임도 없다는 생각도 갖게 된다.

우리는 아이들에게 동화를 비폭력적으로 들려주는 것이 얼마나 흥미로운 일인지 수없이 경험했다. 우리는 아이들에게 마녀가 무엇을 느끼고 원하는지 물었다. 이러한 방식으로 접근하자 마녀는 아이들을 잡아먹는 괴물에서 다른 사람과 소통을 원하는 외로운 여인으로 변했다. 물론 그렇다고 해서 마녀가 자신의 욕구를 충족하기 위해 선택한 방법에 동의한다는 것은 결코 아니다. 다른 사람의 의도와 행동의 원인을 이해하는 것은 아이 스스로 주인이 되어 생각하고 판단하는 것을 돕는다. 즉, 다른 사람에게 무슨 일이 일어나고 있는지 빨리 이해하고, 상대방이 겉으로 무엇을 보여주던 간에 자신의 직관을 믿을 수 있도록 돕는다. 아이들은 어떤 사람이 나쁘기 때문이 아니라, 그 사람의 어떤 행동이 위험할 수 있기 때문에 자신을 위험으로부터 보호해야 한다는 것을 배운다.

부탁 심화 연습

상대에게 내 느낌과 욕구를 설명한 뒤에는 우리의 삶을 풍요롭게
하기 위해 상대가 할 수 있는 것을 자세하게 알려 준다.

목표

아이들은 자신에게 필요한 것, 그리고 얻을 수 있는 것이 무엇인
지 배운다. 우리는 상대방이 무관심을 깨고 내 부탁에 따라 내 욕
구를 충족해 주기를 바란다. 부탁 뒤에는 다양한 방법을 사용해 특
정 사람이나 사건으로부터 해방되고자 하는 욕구가 숨어 있다. 욕
구를 충족하는 방법에는 여러 가지가 있다. 이 연습 과정을 통해
아이들은 자신에게 문제와 갈등을 해결할 수 있는 힘이 있으며, 자
신의 행위에 대한 책임이 있음을 배우게 된다.

연습 방법

모든 연습을 할 때는 부탁 카드를 준비한다.

이야기 주제

느낌을 나타내는 그림을 보여준 뒤 이야기를 이끌어 나간다. 예
를 들어 다음과 같은 질문을 한다.

• 이 그림에 있는 아이가 어떤 부탁을 할 것 같나요?
• 우리에게 필요한 것을 얻기 위해 어떻게 부탁을 하나요?

- 만약 다음과 같다면 여러분은 어떤 질문이나 부탁을 할까요?
  - 목이 마르면.
  - 몹시 추우면.
  - 높은 서랍장에 있는 장난감을 꺼낼 수가 없다면.
  - 신발을 신어야 하는데 아직 신발 끈 묶는 법을 모른다면.
  - 안에서보다 밖에서 놀고 싶다면.
  - 아주 중요한 이야기를 하고 싶은데 어른들이 이야기할 틈을 주지 않으면.
  - 어떤 특정 친구와 놀고 싶다면.
  - 교실 안에서 친구들이 너무 시끄럽게 논다면.

창의적 행위
- 어린이 회의 등에서 아이들이 말한 부탁을 큰 종이에 적은 다음 종이를 모두가 잘 볼 수 있게 교실 벽면에 붙여 둔다.

주제와 어울리는 노래
- 〈함께하면 더 쉬워요(Miteinander geht es besser)〉, 지그프리드 피츠(Siegfried Fietz).
- 〈어떤 문제가 생기면(Wenn etwas nicht in Ordnung ist)〉, 크로이츠 & 큐베르 출판사.

부탁 놀이

- "아니오"라고 대답하는 법 배우기 : 아이들이 둥그렇게 둘러 앉은 뒤 한 명씩 차례대로 다른 아이에게 부탁을 한다. "레아 야, 한 발로 뛰지 않았으면 좋겠어." 레아는 이 부탁을 들어줄 수도 있고, 아니면 "아니오"라고 대답하면서 거절할 수도 있다. 만약 레아가 부탁을 거절하면, 이 부탁을 들어줄 다른 아이가 있는지 물어본다. 부탁을 들어주겠다고 하는 아이가 있으면 부 탁을 한 아이의 욕구가 충족되고, 부탁을 들어준 아이가 술래 가 된다. 만약 아무도 부탁을 들어주려고 하지 않으면 새로운 부탁을 한다.
- 소원 나무 : 아이들은 각자의(다른 아이들이 들어줄 수 있는) 소원을 적어서 나무에 매단다. 아이들은 나무에 걸린 친구들의 소원을 보고 자신이 들어주고 싶은 소원이 있는지 찾아본다.

집에서 할 수 있는 놀이

그 순간에 들어줄 수 있는 부탁이거나 쉽게 "아니오"라고 거절할 수 있는 부탁일 때, 상대가 내 부탁을 들어줄 확률은 높아진다. 아이와 함께 '성공하는 부탁하기'를 연습하기 위해 로봇 놀이를 해보자. 아이와 함께 저녁 식사를 준비하면서 아이가 부탁하게 하고, 부모는 그 부탁을 들어주면 된다. 아이의 부탁인 "물은 식탁 위에 놓으세요"를 그대로 들어주되, 만약 아이의 부탁이 분명하지 않으면(예를 들어 "조심하세요!"처럼) 이상하다는 표정을 크게 짓는다. 만약 명령형의 부탁을 하면(예를 들어 "엄마는 빵에 버터를 발라야 해요") 하기 싫은 내색이나 거부감을 나타낸다. 물론 역할을 바꿔 보는 것도 좋다. 말을 하지 않고 수신호 등으로 부탁하는 것 역시 많은 도움이 된다.

우리는 아이와 부모가 온종일 함께 지내면서 아이가 원하는 것은 무엇이든 다 들어주는 '어린이가 왕인 날'을 해 본 결과, 이것이 '성공하는 부탁하기'의 좋은 연습이 된다는 사실을 확인했다. 이때 한 가지만 꼭 명심하면 된다. 바로 부모가 이러한 놀이에 온전히 동의하는 것이다. 그러면 아이들은 처음에는 무리한 부탁을 하지만, 점점 부모가 동의할 것 같은 부탁을 한다. 우선은 어떤 방법을 선택하기보다 함께 경험해 보는 것에 초점을 맞춰 보자.

중재 연습

"중재자는 사건과 상관없는 제삼자로서, 대화와 화해를 이끄는 것에 대해 책임은 있지만, 대화의 내용이나 해결 방법에 대해서는 책임이 없다. 중재자는 갈등을 평가하지 않으면서 해결책을 찾는 사회자의 역할을 맡는다. 중재를 위한 기본 태도와 대화의 기술은 세 살 이상의 아이들에게 적용하기에 적합하다. 교사는 우선 아이들과 함께 갈등 상황을 분석하고 정리한다. 그리고 아이들에게 각자의 관점과 느낌, 이해를 '번역(설명)'하게 한 뒤, 질문을 던지고 반문을 함으로써 아이들의 답변을 다시 한번 명확하게 정리한다. 마지막으로 아이들과 해결책을 이야기한다"[11]

목표

아이들은 자신들의 행동을 이끄는 마음속 동기를 정직하게 이야기하고, 공감하는 자세로 다른 사람들의 동기에 대해 듣는 법을 배운다. 다시 말해, 다른 사람을 평가하는 것에서 벗어나 다른 사람을 이해하는 법을 배운다.

아이들과의 중재 또는 아이들 사이의 중재

아이들과의 중재 또는 아이들 사이의 중재는 어른들과의 중재 과정과 기본적으로 크게 다르지 않다. 여기서는 몇 가지 특수한 측면만 언급한다.

● 아이들은 갈등을 직접 풀 수 있는 분위기에 익숙하지 않다. 대개 갈등이 생기면 부모나 교사가 나서서 해결책을 제시하며 돕는다. 그러나 아이들은 스스로 중재할 수 있는 충분한 능력을 갖추고 있다. 연습할 기회와 스스로 중재할 수 있는 상황, 어른들의 인내와 믿음만 있으면 된다.

● 아이들은 어른들과 마찬가지로 갈등이 생기면 핑계를 찾는다. 그리고 '옳고' '그른' 행동을 구별한다. 이러한 태도는 상대를 이해하려는 마음을 가로막는다. 여기에 어른들에게 처벌을 받을지도 모른다는 두려움이 더해져 중재가 이루어지지 않는다. 때문에 어른들은 아이들에게 중재의 목적과 그 결과에 대해 명확하게 알려 주어야 한다. 이때 중재자가 갈등을 일으킨 행위와 제시된 해결책을 도덕주의적으로 판단하거나 평가하지 않고 가치중립적으로 바라보는 것이 중요하다.

● 아이들의 언어 능력은 어른들과 다르다. 또한 또래 아이들 사이에도 많은 차이가 있다. 따라서 아이들이 서로 말한 것을 정말 알아들었는지 확인할 필요가 있다. 이야기를 들은 아이가 이야기를 한 아이의 관찰, 느낌, 욕구를 되풀이해서 말을 하면서 확인을 하는 것이 도움이 된다("알아들었니?"가 아니고 "지금 한 이야기를 다시 한 번 이야기해 주겠니?"라고 물어본다).

● 아이들 사이의 중재는 대개 빠르게 이루어진다(아마도 어른보다 부정적인 경험이나 고정관념, 평가에 덜 젖어 있기 때문일 것이다). 아이들이 제시하는 해결책은 어른들이 보았을 때 종종 터무니없어

보이기도 하고 별 효과가 없는 것처럼 보일 수 있다. 그러나 그러한 해결책일지라도 열매를 맺는다. 한 번 갈등을 스스로 풀었다고 해서 늘 그럴 수 있다는 보장은 없다. 그렇지만 아이들은 충분히 존중하고 믿을 만한 능력을 가졌다.

> "아이들이 최근 들어 이렇게 말한다. '난 ~가 하고 싶어요.' '너는 왜 그렇게 하니? 설명해 줘.' 아이들은 열린 자세를 갖고 있으며, 스스로를 중요한 존재로 인식한다. 우리의 목표는 아이들이 어른들의 도움 없이도 자신들의 문제를 해결하는 것이다. 이 목표를 위해 우리는 아이들을 지원한다."
>
> — 사비네(교사)

연습 방법

아이들은 기린의 귀와 이야기 막대(또는 기린 모양의 손 인형)를 사용한다. 교사는 카드 네 개(관찰, 느낌, 욕구, 부탁)를 이용해 중재 과정을 설명한다.

갈등이 일어나면 당사자들과 제삼자인 아이 한 명이나 교사가 함께 기린 코너로 간다. 갈등 상황에 놓인 한 아이에게는 기린의 귀를, 다른 아이에게는 이야기 막대를 준다. 먼저 온 사람이 선택권을 갖는다. 중재자는 이야기 막대를 갖고 있는 아이에게 묻는다.

• 너는 무엇을 보았니/들었니?(관찰을 나타내는 카드)

- 지금 어떤 느낌이니?(느낌을 나타내는 카드)
- 지금 무엇이 필요하니?(욕구를 나타내는 카드)

그 다음에 중재자가 자신이 이해한 내용을 다시 정리해 설명한 뒤, 기린의 귀를 갖고 있는 아이에게 상대의 느낌과 욕구를 다시 한 번 말해 달라고 한다. 기린의 귀를 갖고 있는 아이가 상대의 느낌과 욕구를 되풀이해서 말한 뒤에는 역할(귀와 막대)을 바꾸어 똑같은 과정을 거친다. 두 아이 모두 상대의 느낌과 욕구를 되풀이해서 설명했다면 다음 단계로 넘어간다.

- 너희들의 부탁 또는 아이디어는 어떤 것이니?(부탁을 나타내는 카드)

갈등 당사자 간에 합의점을 발견하면 중재자가 묻는다. "만약 서로 합의점을 찾지 못했다면 어떻게 했겠니?" 그리고 모두가 함께 그 결과에 대해 토론한다.

집에서 할 수 있는 놀이

이러한 중재 방법은 집에서도 쉽게 실천할 수 있다. 우리는 최근 '공정성'이 중요하다는 사실을 경험을 통해 다시 한번 확인할 기회가 있었다. 한 아이가 중재 과정 중에 부모에게 안기고, 부모가 아이를 무릎에 앉히거나 머리를 쓰다듬어 주면 중재는 실패로 돌아간다. "엄마는 늘 동생 편만 들어주잖아요!" 이 말로 모든 중재는 끝난다. 중재를 할 때에는 당사자 두 사람과 중재자가 똑같은 간격을 두고 삼각형 모양으로 앉는 것이 바람직하며, 당사자들이 말하는 시간 역시 비슷한 것이 좋다. 중재는 자원하는 마음에서부터 시작된다. "자, 이제부터 화해를 해야 한다"는 명령조는 도움이 되지 않는다. 우선 중재자가 각 당사자와 공감하면서 이야기를 해보거나, 분이 가라앉을 때까지 기다려 주는 것이 중재를 돕는 방법이다.

아이들이 갈등을 역할 놀이로 체험해 볼 수 있는 책이나 이야기를 활용하는 것도 효과가 있다. 예를 들어 자기 머리에 똥을 눈 사람이 누구인지 알아내려고 하는 두더지와 동물들의 갈등을 재현해 보면 어떨까?[12]

토머스 고든(Thomas Gordon)에 따르면, 가족회의 역시 가족 문제의 해결책을 찾는 데 유용한 도구가 된다. 가족회의는 다음과 같은 순서로 진행할 수 있다.

1. 논의할 주제를 모두 함께 정한다.
2. '문제를 일으킨 사람'과 다른 식구들의 느낌과 욕구를 명확하게 한다.
3. 방법과 해결책을 찾는다(브레인스토밍).
4. 각자 자신의 욕구를 기준으로 평가하고 해결책을 정한다.
5. 합의한 내용이 잘 지켜졌는지, 그렇지 않을 경우 어떤 조치를 취할지에 대

해 합의한다(합의한 내용이 잘 지켜지지 않았다는 것은 욕구가 충족되지 않았다는 증거일 경우가 많다. 때문에 새로운 합의점을 찾아야 한다).

목표 : 모든 사람들의 욕구에 귀를 기울이고 합의점을 찾는다. 다시 말해, 모든 가족 구성원들의 욕구를 충족해 줄 수 있는 방법을 찾는 것이다.

실천 방법 :

• 시간을 정해 놓고 중재를 한다. 처음에는 20분에서 30분 정도로 시간을 정한다. 아이들이 어릴수록 시간을 짧게 한다.

• 논의할 주제들을 적은 목록을 식구들이 모두 잘 볼 수 있는 곳(예를 들어 냉장고 문)에 붙여 놓아 누구든지 새로운 주제를 적어 넣을 수 있게 한다.

• 사회는 돌아가면서 맡는다. 사회자는 토론이 주제에서 벗어나지 않게 조정하며, 논의할 주제들의 순서를 정한다. 논의할 문제와 가장 관련이 없는 사람이 사회를 보는 것이 효과적이다.

• 가족회의에서 합의를 통해 결정된 사항은 '가족회의 기록장'에 기록하며, 모두가 서명을 해서 동의했음을 표시한다.

논의 주제 : 두 사람 사이의 대화로 해결되지 않거나 가족 모두에게 영향을 미치는 문제를 논의한다.

• 공동의 여가 활동

• 가족 규칙 정하기

• 용돈

- 집안일 분담

- 주말 및 휴가 계획

- 텔레비전 보기와 컴퓨터 사용

- 식사 시간

기린 언어 연습

기린이 상징하는 것을 아이들에게 좀더 자세하게 알려 주고, 아이들의 호기심을 자극하기 위해 다음 연습이 도움이 된다.

연습 방법

기린은 육상 동물 가운데 심장이 가장 큰 동물이에요. 때문에 우리는 솔직하고 넓은 마음으로 이야기하는 사람을 두고 '기린 언어'를 사용한다고 말해요. 이런 사람들은 자신의 느낌과 자신이 상대방에게 기대하는 것이 무엇인지를 또렷하게 표현하며, 다른 사람의 느낌과 상태에 관심을 갖습니다.

기린은 다른 동물들과 평화롭게 살아요. 자신의 이기심을 위해 폭력을 쓰지 않죠. 그러나 자신이나 새끼가 위협을 받으면 사자와도 맞서 싸울 만큼 강한 동물이지요.

그런데 사람들은 항상 기린처럼 이야기하고 듣지 못합니다. 사람들은 걱정을 많이 하는데, 그 걱정을 해결할 방법을 잘 모르는 것 같아요. 공격을 받는다고 판단하면 기린 언어를 금방 잊어버리지요.

예를 들어 내가 어떤 장난감을 갖고 놀고 싶은데 그 장난감을 다른 아이가 이미 차지하고 양보하지 않으면, 기린처럼 말을 해보세요. "나는 이 장난감이 어떤 장난감인지 궁금해. 처음 보는 장난감이라 꼭 한 번 갖고 놀아 보고 싶어. 우리 둘이 이 장난감을 같이 갖고 놀면 어떨까?"라구요. 그러나 대부분은 "어서 내놔!"라고 말을 하겠죠. 두 가지 표현 중에 어떤 표현을 들었을 때 상대방이 함께 놀고 싶은 생각이 들까요? 만약 그 친구가 혼자서 놀고 싶다면, 어떤 표현을 들었을 때 솔직하게 "아니"라고 대답할 수 있을까요?

여러분은 친구들에게 자신의 느낌을 이야기하고 자신이 원하는 것이 무엇인지 그리고 친구가 날 위해서 무엇을 해줄 수 있는지를 정확하게 이야기해야 해요. 자, 이제 다 같이 연습을 해보도록 해요.

역할 놀이

혼자서 인형을 가지고 놀고 있는데 다른 친구가 다가와서 같이 놀자고 했어요. 그런데 오늘은 정말 혼자 놀고 싶었답니다. 그럼 친구에게 어떻게 말하면 될까요?

"내가 엄마고 이 인형이 내 아기야. 난 지금 혼자서 조용히 놀 수 있어서 너무나 행복해. 다른 친구에게 같이 놀자고 하면 안 될까?"

다른 친구가 나에게 다가와서 이렇게 말했어요.

"그 자동차 안 주면 다시는 너랑 안 놀 거야."

이때 그 친구에게 뭐라고 하면 좋을까요?

"나랑 다시 안 놀겠다는 말, 나는 꼭 협박같이 들려. 그래서 내 마음대로 자동차를 줄지 말지 결정할 수가 없어서 화가 나. 난 너랑 앞으로도 계속 같이 놀고 싶어. 우리 자동차 놀이 같이 할까?"

역할 놀이를 통해 다양한 상황을 연습해 볼 수 있다. 교사가 한 문장을 말하면 아이들이 그 문장을 '기린 언어'로 어떻게 표현할지 말해 본다.

축하

아이들이 둥그렇게 둘러앉아 지나간 일들에 대해 축하하는 시간을 갖는다. 교사(엄마 기린)가 질문을 한다. "무엇 때문에 그렇게 행복한가요?" 그리고 아이들의 대답을 듣고 필요할 경우 아이들의 대답을 욕구가 드러나게 바꿔 표현한다.

교사 : 어제 신나는 일이 있었거나 좋은 일이 있었던 친구 있어요?

아이 : 어제 아빠랑 놀이터에서 놀았어요.

교사 : 너무 신나고 재미있었겠어요. 아빠랑 놀이터에서 노는게 왜 그렇게 행복하고 특별한가요?

아이 : 아빠랑 같이 그네도 타고, 아빠가 아이스크림도 사줬거든요.

교사 : 아빠가 다른 일에 신경 안 쓰고 우리 친구랑 놀아 주고, 무엇을 할지 함께 결정해 주어서 기분이 좋았나요?

아이 : 네!

교사 : 정말 너무 좋았겠어요! 다른 친구들 중에도 혹시 이야기하고 싶은 친구 있어요?

마지막에는 교사(엄마 기린)가 아이들이 말한 충족된 욕구를 다시 한 번 정리해서 말한다.

놀이

• 행운의 의자 : 아이들은 둥그렇게 원을 만들어 서 있고, 한 아이(또는 교사)가 가운데 앉는다. 둘러선 아이들은 돌아가면서 가운데 앉은 사람의 장점과 그 사람이 특별한 이유를 말한다. 단, 한 사람이 하루에 여러 번 가운데 앉지 않게 한다. 아이들이 중독될 수도 있다.

프로젝트의 구성 요소

'기린의 꿈 프로젝트'는 교사를 대상으로 한 입문 세미나로 시작한다. 교사들이 자기 유치원에서 일반적인 비폭력 대화 교육을 실시할 것인지, 아니면 '기린의 꿈 프로젝트'를 활용할 것인지를 결정하는 데 지식과 경험을 주기 위해서이다. 비폭력 대화 지도자들은 세미나 이후에 교사들과 함께 프로젝트의 구성에 대해 논의하면서 구체적인 실천 과정을 결정한다. 그 뒤 학부모에게 교육 프로그램의 기본 원리와 과정에 대해 설명하고 부모를 위한 비폭력 대화 세미나'에 대해서도 안내한다.

기린의 꿈 프로젝트는(유치원의 환경에 따라) 1주 내지 2주의 시간이 걸린다. 교사는 스스로 아이들과 프로젝트를 수행한다. 지도자는 필요할 경우 도움을 줄 수 있지만, 꼭 그래야 하는 것은 아니다. 아니 더 정확하게 말하면, 인위적인 분위기가 연출되어 어색해 질 수 있으므로 교사가 자율적으로 진행할 것을 권장한다. 부모와 아이는 '낯선 외부인'이 유치원에 함께 있으면 거리감을 느낄 수 있기 때문에 더더욱 그렇다. 나는 교사들이 기린 언어를 가르치기 위해 필요한 충분한 능력, 적극성, 창의성을 갖추었다고 생각한다.

심화 과정은 일상생활에서 실천하는 것을 목표로 삼기 때문에 시간 제한을 두지 않는다. 지도자들은 이 기간에 교사들을 정기적으로 지원하고 교사들의 질문에 답변하며, 역할 놀이를 통해 심각한 상황을 극복하는 방법이나 프로그램을 제공한다.

지도자들은 유치원를 위한 프로그램 말고도 부모를 위한 세미나 역시 제공한다. 부모들은 세미나를 통해 집에서도 프로젝트를 온종일 수행할 수 있는 능력을 기른다. 또한 유치원이 부모와 똑같은 역할을 한다는 것도 알게 된다.

프로젝트를 실시한 유치원에서는 '기린의 꿈'이 꾸준히 새로워진다. 예를 들어 이모 기린과 아주 어린 동생 기린이 프리다와 엄마 기린을 방문한다. 또는 쌍둥이 기린이 등장하기도 한다.

'기린의 꿈 프로젝트' 외에도 비폭력 대화를 꾸준히 생활화하는 방법에는 여러 가지가 있다. 의식적으로 비폭력 대화에 집중하지 않으면 금방 본연의 모습으로 돌아가기 십상이기 때문에 꾸준한 노력이 중요하다.

교사들은 이러한 교육을 어떻게 생각하는가?

안네 야슈케(Anne Jaschke)가 실시한 '기린의 꿈 프로젝트'에 대한 설문 결과, 케르스틴이라는 교사는 이 프로젝트가 자신의 성장에 기여했다고 답했다. 케르스틴은 교사 교육을 받으면서 자신의 느낌을 이해하고 표현하라는 이야기를 들은 적이 있다고 한다. "자신을 표현함으로써 자신이 희생양이라는 생각이나 차별을 받는다는 피해의식이 줄어든다고 생각해요. 누구나 상대에게 자신의 느낌을 알려 줄 권리가 있어요. 그러나 많은 교사들은 이른바 말하는 완벽한 선생님 강박증이 있어요. 자기 자신을 별로 중요하지 않게 생각하고 뭐든지 감수하려고 하는데, 이러한 모습은 '나는 내가 원하는 것을 말하고, 나는 내가 느끼는 것을 말하고, 내 욕구와 부탁을 표현한다'와는 거리가 멀죠. 그래서 자신을 표현하는 법을 배우는 것이 교사에게 아주 어려운 과정인 것 같아요. (웃으면서) 그래도 열심히 배우겠습니다."

비폭력 대화를 생활화하는 한 가지 방법은 마셜 로젠버그와 비폭력대화센터의 인증 지도자들이 비폭력 대화에 대해 소개하고 있는 다양한 책, 오디오와 비디오, 기타 자료(한국비폭력대화센터 www.krnvc.org에서 구입할 수 있다 - 옮긴이)를 활용하는 것이다. 또한 수많은 도시에서 열리고 있는 강연회, 세미나, 워크숍을 통해서 직접 배울 수도 있다. 인증 지도자들은 입문 세미나, 주제별 세미나와 심화 세미나, 지도자 교육이나 연간 정기 교육 등을 제공한다. 그 외에도 비폭력 대화를 배우고 서로 교류하기 위해 많은 사람들이 연습 모임을 만들기도 한다.

3장

유치원에서 비폭력 대화를 위한 자세

비폭력 대화는 방법론이라기보다 사람과 사람 사이의 관계를 강화하고 소통에 성공하기 위한 태도나 자세이다. 각기 다른 유치원의 상황과 다양한 교육계획을 고려할 때, 비폭력 대화가 기여할 수 있는 점도 다양하다.

● 어릴 때부터 아이들을 의사 결정 과정에 참여하게 해서 아이들이 자립심을 갖고 자신의 삶을 규제할 수 있는 능력을 기를 수 있게 해준다.

● 현실성 있는 책임을 맡게 해서 자신의 능력에 대한 믿음을 키우고, 스스로 결정하고 행동하는 법을 배울 수 있게 한다.

● 문제가 있을 때 부모, 교사 또는 기타 주위 사람들에게 문제에

대해 이야기하고 공감, 수용, 지원을 얻을 수 있다는 것을 이른 시기에 배우게 한다.

 ● 갈등을 처리하는 능력과, 폭력 대신에 사용할 수 있는 방법이나 수단을 배우게 한다.

 ● 어른들의 가치, 꿈, 소망, 느낌, 욕구에 대해 알려 주어 방향을 설정하는 데 도움을 주고 안정감을 줄 뿐 아니라, 안전한 공간 속에서 자신을 드러낼 수 있게 한다.

 ● 관계를 강화하는 소통 방법을 배울 수 있다.

스스로 갈등을 해결할 기회를 주라

갈등은 인간관계의 중요한 요소이다. 자신의 욕구를 표현하고, 당사자 모두에게 공평한 해결책을 찾는 법을 배우는 것은 고상하고 어려운 목표이다. "분쟁과 갈등 상황에서 아이들은 자신의 처지가 유일하지 않다는 것, 다른 사람들은 다른 느낌과 다른 기대를 갖는다는 것을 배운다. 이러한 갈등 상황을 경험함으로써 아이들은 감정 이입 능력과 합의 능력(동의 능력이라는 표현이 더 좋겠다)을 개발하거나 자신의 처지를 관찰하는 법을 배운다. 다른 사람의 의견과 자신의 의견을 조정하는 법을 배우는 과정을 통해 아이들은 교사의 지원 없이 갈등을 조정할 수 있는 능력을 키우게 된다."[13]

비폭력 대화의 네 단계와 기린 언어를 바탕으로 한 중재는 아이들에게 스스로 갈등을 해결할 수 있는 안전한 울타리를 마련해 준다. 교사들은 경험을 통해 갈등이 많은 집 아이들이 갈등을 풀기 위한 새로운 방법에 대해 더 열려 있다고 말한다.

의사 결정에 처음부터 참여시켜라

내 의견에 대한 관심 역시 사람들과 관계를 맺고 협력을 할 때 우리가 갖는 욕구이다. 다시 말해, 우리는 당사자가 아니라 참여자가 되고자 한다. 프로젝트에 참여하는 모든 사람은 의사 결정 과정에 참여하고, 자신의 욕구를 표현할 기회를 가져야 한다. 이때도 기린 언어가 도움이 된다. 무엇보다 객관적으로 관찰한 것을 이야기해야 문제가 무엇인지 정확하게 파악할 수 있다. 그 다음으로 해야 할 것이 최대한 많은 사람들의 느낌과 욕구를 들어 보고 사람들이 무엇을 원하는지 이해하는 것이다. 마지막으로 모두가 동의하는 합의점을 찾고 어떻게 해야 할지를 모두가 이해하는 것이다. 참여 정도와 주제 선정은 아이들의 역량과 능력에 따라 달라진다. "아주 어렸을 때부터 참여할 수 있다. 다시 말해, 모든 연령대의 아이들과 모든 종류의 주제를 논의할 수 있다. 나이는 참여 형태를 결정하는데 영향을 주지만, 참여 자체에는 영향을 주지 않는다."[14]

아이들은 유치원에서의 일상에 영향을 미치는 사항(예를 들어 프로젝트, 소풍, 잔치, 식단, 규칙)을 결정하는 대부분의 과정에 참여할 수 있다. 나는 그 과정이 진지한 의사 결정 과정인지, 아니면 아이들이 이미 내려진 결정에 들러리 서는 것인지를 구분하는 정직성이 가장 중요하다고 생각한다. 예를 들어 아이들에게 어떤 규칙을 정할지 물어보면, 교사들은 규칙을 정하기 위한 큰 틀(예를 들어 모든 아이들은 모두 똑같은 권리와 의무가 있다, 신체와 언어폭력을 해서는 안 된다 등)을 제시할 수는 있다. 그러나 세세한 규칙(예를 들어 최대 네 명의 어린이가 동시에 공 놀이방에 들어갈 수 있다, 오전 간식은 9시 30분에서 11시까지 먹는다 등)은 아이들과 함께 결정해야 한다. 만약 적극적으로 논의에 참여한 뒤, 이미 결론이 나 있었다는 사실을 알게 되면 아이들은 좌절한다.

언어 발달의 기회로 삼아라

유치원 나이 아이들의 언어 발달은 훗날 학교 교육뿐 아니라 미래의 삶을 위해서 아주 중요하다. "언어 발달에는 소통하는 기쁨, 자신의 느낌, 경험, 생각을 언어로 표현하고자 하는 욕구와 능력, 다른 사람의 이야기에 대한 관심과 다른 사람의 이야기를 들어줄 수 있는 능력, 대화 속에서 경험하는 활발한 교류에 대한 기쁨, 대화를 통한 협상이 포함된다."[15] 아이들은 단어, 문법, 억양 등을 배우며, 언어를 이용해 자신이 달성할 수 있는 효과가 어떤 것인지 경험하게 된다. 아이들은 특정 단어에 대해 특정 반응이 뒤따르며, 특정 문장을 통해 무엇을 얻거나 전달할 수 있고, 언어를 통해 자신이 원하는 것을 이해받을 수 있는 확률이 높아진다는 것 등을 배운다. 이야기를 하고 자신의 느낌을 표현할 때 이해받고 있다는 사실을 자주 경험하면 할수록 언어 발달의 동기는 강화된다.

행위를 평가하지 말고 가치를 인정하라

칭찬 속에 어른들을 위해 그 행위를 되풀이하기 바라는 의도가 숨어 있으면, 아이는 자신을 위해 하는 행위에서 오는 즐거움을 느끼지 못한다. 피드백 대신 평가를 하고, 가치를 인정하는 대신 칭찬을 하면, 책임감이 아니라 의존성이 자리잡게 되는 것이다. "아이들의 행위는……평면적 평가의 대상이 아니라 분석과 가치 인정의 대상이 되어야 할 것이다. ……아이들은 자기 자신의 행위에 만족할 수 있어야 한다. 계속되는 외부의 평가는 다른 사람이 자신에 대해 어떤 생각을 갖고 있을까만을 생각하게 만든다. 좋은 의도에서 한 칭찬일지라도 되풀이하고 남발하면 아이가 어떤 일을 하는 데서 얻는 즐거움을 빼앗는다."[16]

아이들은, 예를 들어 어떤 그림을 그렸을 때 '별을 세 개 받았기 때문에' 늘 똑같은 그림을 그리게 된다. 비폭력 대화는 이러한 평가 방식과는 거리가 멀다. 우리는 아이에게 "이 그림 예쁘구나!"라고 말하지 않고 그림의 색깔, 형태, 구성이 아이에게 어떤 의미가 있는지 물어보고, 우리가 그 그림을 보면서 어떤 느낌을 받았는지 이야기해 준다. 따라서 아이는 어떤 그림을 그릴지 스스로 결정할 수 있게 되며, 교사는 날마다 똑같은 그림을 볼 필요가 없게 된다.

기린 팀 안녕하세요!

전 S라는 지역에서 교육에 참여한 사람인데, 고마움을 전하기 위해 편지를 씁니다. 프랑크, 당신의 격려에 용기를 내어 지난 수요일 저녁에 남자 친구와 두 시간 동안 이야기를 나눴습니다. 그리고 우리는 서로 더 많이 이야기하고 서로의 느낌에 더 많은 관심을 갖기로 했습니다. 직장 동료와도 대화를 나누기가 힘들었지만 그렇다고 다 참고 감수할 수는 없었습니다. 여러분 덕분에 문제가 명확해졌고, 교육을 받을 때 우리 팀에게 나를 움직이는 동기가 무엇인지 털어놓고 나니 마음이 한결 편해졌습니다.

배운 것을 유치원에서 실천하고 있는데, 처음에는 아이들이 저를 보면서 어리둥절해했어요. 그런데 이제는 아이들이 다른 사람의 도움 없이 자기들끼리 대화하려고 하는 모습을 자주 볼 수 있어요. 교육을 받은 이후 훨씬 편안해졌어요. 훨씬 더 간단하고 편안한 인생의 새로운 장이 열린 것 같습니다.

– 한 교사의 편지

1. Marshall B. Rosenberg, 《Gewaltfreie Kommunikation : Eine Sprache des Lebens》, Junfermann Verlag, Paderborn 2001. 마셜 로젠버그, 《비폭력 대화 : 일상에서 쓰는 평화의 언어, 삶의 언어》, 캐서린 한 옮김, 바오.

2. Marshall B. Rosenberg, 《Kinder einfühlend ins Leben begleiten. Elternschaft im Licht der Gewaltfreien Kommunikation》, Junfermann Verlag, Paderborn, 2005.

3. 2005 by Center of Nonviolent Communication, www.cnvc.org. 《비폭력 대화 : 일상에서 쓰는 평화의 언어, 삶의 언어》에서 옮긴이가 재인용했다.

4. 마셜 로젠버그는 "아니오"라는 부정적 대답을 자기 자신의 욕구에게 "예"라고 말하려고 하는 불행한 시도라고 불렀다. 로젠버그는 부탁이 선물의 에너지만을 담고 있어야 하며, "오리에게 먹이를 주는 어린아이의 기쁨"과 같은 기쁨으로 가득해야 한다고 했다. 이

러한 기쁨이 없는 부탁이라면 "아니오"라는 거절의 대답을 들을 확률이 높아진다.

5. Marshall B. Rosenberg, 《Das Herz gesellschaftlicher Veränderung. Wie Sie Ihre Welt entscheidend umgestalten können. Junfermann Verlag》, Paderborn 2004, S. 56.

6. 이 자리에 "내 아이는 점퍼를 입어야 한다. 왜냐하면 점퍼를 입지 않을 경우 감기에 걸릴 것이기 때문이다"라는 대답이 들어가야 한다고 생각한 사람들을 위한 설명이다. '이해한다'는 것은 '동의한다'는 말이 아니다. 아이가 점퍼를 입고 싶어하지 않는 것이 꼭 아이가 점퍼를 입지 않고 외출할 것이라는 결론으로 이어지는 것은 아니다. 점퍼를 입지 않겠다는 아이의 말은 이해를 바탕에 둔 대화의 시작일 뿐이다. 대화를 통해 어쩌면 아이가 점퍼를 입지 않겠다는 말이 엄마가 입으라고 하는 특정 점퍼를 말하는 것일 수도 있다. 그렇다면 다른 점퍼는 입을 것이다(예를 들어 다른 점퍼가 더 따뜻하기 때문에).

7. 이러한 행위의 목적은 다른 사람이나 나 자신을 보호하는 것이다. 이와 반대되는 개념으로는 "처벌하기 위한 힘(punitive use of force)"이 있는데, 이는 처벌을 통해 상대방으로 하여금 내가 원하는 것을 하게 하는 것이다.

8. 유치원 나이의 아이들은 한 가지 행위를 하는 데 걸리는 시간을 잘 파악하지 못한다. 우리는 마리와 엘리아에게 텔레비전 프로그램 길이를 이용해 시간을 알려 주었다. 예를 들어 5분은 〈잠

의 요정〉, 20분은 〈하이디〉, 1시간은 〈하이디〉 세 개 등과 같은
식이다.

9. 내용을 정확하게 이해하는 것이 중요하다. 이 프로젝트는 오
로지 비폭력 대화와 직접 연관성을 갖는다. 그러나 그렇다고 해서
다른 방법이나 이론들이 갈등 해결에 기여하지 않는다거나 인간의
공존에 도움이 되지 않는다는 것은 결코 아니다.

10. 여기에서 우리는 '엄마'를 선택했다. 왜냐하면 엄마는 전통적
으로 가족에서 사랑, 유대감, 온정 등을 제공하는 존재이며, 아이들
의 처지에서 아기 기린이 엄마를 보고 싶어한다는 것을 이해하기
쉽기 때문이다. 만약 아이들의 상황이(예를 들어 사망, 이혼 등으로)
엄마에 대한 이야기를 하기가 어려울 때에는 엄마 대신 아빠, 친구
등을 등장시키거나 양쪽 부모를 등장시켜도 좋다.

11. 《탁아 기관에 위탁된 아이들을 위한 바이에른 주의 교육계획
에서부터 바이에른 주의 노동사회질서가족여성부에 입각한 취학》,
Beltz 출판사, 2006, 29쪽.

12. 《vom kleinen Maulwurf, der wissen wollte, wer ihm
auf den Kopf gemacht hat》, Peter Hammer Verlag. 베르너
홀츠바르트 지음, 볼프 에를브루흐 그림, 《누가 내 머리에 똥 쌌
어?》, 사계절.

13. 〈초등교육을 위한 브레멘의 교육 기본 계획 : 브레멘의 조
기 교육, 자유한자 도시 브레멘 노동여성건강청소년사회 시정부위
원〉, 22쪽.

14. 〈바이에른 주의 교육계획〉, 402쪽.

15. 〈바이에른 주의 교육계획〉, 208쪽.

16. 작센 주 사회부, 《작센 주의 교육계획 : 탁아소와 유치원 교사를 위한 교육 지침》, das netz 출판사, 2006, 67쪽.

한국NVC센터 안내

한국NVC센터는 모든 사람의 욕구가 평화롭게 충족되는 세상을 만들려는 같은 꿈을 공유하고 있는 사람들이 힘을 모아 만든 비영리 단체입니다. 비폭력대화(NVC) 교육과 트레이너 양성을 통해 우리 사회에 NVC를 확산하는 일을 하고자 설립되었으며, CNVC(The Center for Nonviolent Communication:홈페이지 www.cnvc.org)의 지역 조직으로서 CNVC와 협력하고 있습니다.

한국NVC센터의 목적은
 ● 사람들이 자기 자신을 이해하는데 도움을 주고, 다른 사람과 연민의 유대 관계를 형성하도록 도와주는 것입니다.
 ● 서로 가슴에서 나와서 상대방의 삶을 풍요롭게 하는데 기여하는 즐거움을 느끼고, 자원을 나누며, 갈등을 예방하고 평화롭게 해결하는 능력을 길러 주는 기술을 실제 삶에 적용하도록 가르치는데 있습니다.
 ● 더 많은 사람들이 평화롭고 행복하게 살 수 있는 삶에 도움이 되는 사회 구조를 만들어 가는데 기여하고자 합니다.

한국NVC센터에서는 다음과 같은 활동을 하고 있습니다
센터 자체 교육
소개 : 비폭력대화(NVC)에 대한 소개와 간단한 실습 과정. 3시간 진행.
입문 : 비폭력대화(NVC)에 대한 소개, 솔직하게 말하기, 공감으로 듣기, 자기 공감, 공감 연습, 감사 표현 과정. 한주에 3시간씩 6주 과정과 주말 과정.
심화 : 충족되지 않은 욕구의 괴로움을 삶의 원동력으로 변화하기, 분노를 온전히 표현하기, 감사 표현 과정. 주말 과정으로 개설될 예정이며, 센터에서 인정하는 입문 과정 이상 수료자 참석 가능.

주제별 : 6시간 정도 각 대상별이나 주제별 교육. 입문 과정 수료자가 들을 수 있음.(사례 : 부부관계, 고부관계, 시민단체 활동가, 교사, 상담, 중재, 사랑과 감사)

외부 위탁 교육

기업, 학교, NGO, 기관 등 생산적이고 조화로운 조직 내 관계를 만들기 위하여 요청과 필요에 따라 맞춤형 교육 훈련 과정을 지원합니다.

문의하시면, 필요한 교육 과정에 대한 소개 자료를 보내드립니다.

비폭력대화(NVC) 상담

분석/진단/심리학적 설명보다는 우리 자신이 진정으로 원하는 것에 관심을 집중할 수 있도록 내담자의 마음을 공감하는 과정. 비폭력대화(NVC)는 좀 더 평화로운 내면 상태를 유지할 수 있는 방법과 이해력을 선사하며, 내담자들과 진실하고 서로 신뢰하는 관계를 형성하는 것을 지향.

개인/부부/가족 상담, 공동체/기업 상담.

상담은 비폭력대화센터 상담실에 예약 방문하시거나, 외부 방문하여 진행합니다.

비폭력대화(NVC) 중재(Mediation)

인간관계 및 학교, 단체, 조직체 속에서 갈등과 충돌이 벌어질 때, 중립적인 위치에서 양쪽의 느낌과 욕구를 서로에게 전달하는 다리 역할을 합니다.

조정이 필요한 개인과 단체는 센터로 전화, 메일, 방문 등으로 문의해 주시기 바랍니다.

연습 모임 지원

일상생활에서 비폭력 대화를 적용하는데 어려웠던 점을 되돌아보고 서로 공감과 지원을 해주는 자리.

공개 모임 : 센터에서 연습 모임들을 활성화하기 위해서 진행을 도와드

리는 모임입니다.

비폭력 대화를 배운 후, 연습을 원하시는 분에게 열려 있습니다.

장소 대여 : 함께 비폭력 대화를 공부하신 분들의 연습 모임을 지원하기 위해 장소를 대여하고 있습니다. 문의 바랍니다.

도서 및 교육 자료 판매

NVC 관련 교육 자료를 전시, 판매하고 있습니다.

책, 소책자, NVC 교육 워크숍 비디오/DVD/CD, 교육부교재(기린 인형, 자칼 인형) 등을 판매합니다.

번역 출판

NVC 관련 도서와 자료를 번역하여 국내에 알리는 일을 하고 있습니다.

마셜 로젠버그 지음, 캐서린 한 옮김, 《비폭력대화 : 일상에서 쓰는 평화의 언어, 삶의 언어》

리타 헤이조그, 캐시 스미스 지음, 캐서린 한 옮김, 《자칼 마을의 소년 시장》

한국NVC센터 www.krnvc.org
서울시 서대문구 창천동 501-15
02-325-5586 | nvc@krnvc.org

옮긴이 안미라

독일에서 어린 시절을 보낸 뒤 한국에서 중·고등학교를 마치고 서강대학교 독어독문학
과를 졸업했다. 한국외국어대학교 통번역대학원 한독과에서 석사 학위를 취득한 뒤 박
사 과정에 입학했다. 《역사가 나를 무죄로 하리라》(공역) 《로마 황제의 발견》(공역) 《청
소년 인권 수첩》《소설로 만나는 근대 이야기》 들을 번역했다. 현재 번역가, 프리랜서
통역사, 대학원 강사로 활동하고 있다.

내 아이를 위한 비폭력 대화

1판 1쇄 발행 2008년 5월 30일 | 1판 9쇄 발행 2019년 3월 14일

지은이 군디 가슐러·프랑크 가슐러 | 옮긴이 안미라 | 감수 캐서린 한
펴낸이 조재은 | 펴낸곳 (주)양철북출판사
등록 제25100-2002-380호(2001년 11월 21일)
편집 박선주 김명옥 | 디자인 육수정 | 마케팅 조희정 | 관리 정영주
주소 서울시 마포구 양화로8길 17-9
전화 02-335-6407 | 팩스 0505-335-6408
ISBN 978-89-90220-83-7 03180 | 값 12,000원

카페 cafe.daum.net/tindrum
블로그 blog.naver.com/tin_drum
페이스북 facebook.com/tindrum2001
잘못된 책은 바꾸어 드립니다.